Manual de orientación para el ministerio carcelario

William Castañeda Soriano

Autor: William Castañeda Soriano
Edición y diagramación: Leroy D. Geisse Vyhmeister
Diseño de tapa: Edgar Arn

IMPRESO EN ARGENTINA
Printed in Argentina

Primera edición
MMXVII - 200

Imagen de tapa «*Prison*» © publik15

Se terminó de imprimir en junio de 2017 en Búho Blanco Ediciones (Igualdad 2384, X5003BGJ Córdoba).

Progreso de esta obra

En el año 2014 se complementó, amplió y actualizó una guía de sugerencias para un ministerio carcelario, la cual era un anexo de un proyecto de grado[1] presentado en 2011 en la Corporación Universitaria Adventista (UNAC) en Medellín, Colombia. El fruto de dicha actualización fue el *Manual de orientación para el ministerio carcelario*[2] presentado en el Congreso Internacional de Profesionales y Estudiantes Universitarios Misioneros «I Will Go Too» 2014 en Medellín.

El presente manual es una adaptación del anterior. Se hicieron algunos cambios en él y ajustes en parte de su contenido con el fin de que sea útil en la República Argentina. Ha sido diseñado como un libro práctico con contenido actualizado que podrá ser utilizado para iniciar, complementar o avanzar en el servicio voluntario de evangelización en las cárceles del país.

Contacto: minlibertad.asd@gmail.com

---

[1]Sierra Alvis *et al. Disposición de la feligresía de la IASD a participar de un ministerio carcelario oficial.*
[2]Castañeda Soriano.

Agradecimiento especial

A mis padres Saúl y Marlén por ser mi inspiración en el servicio a los demás.

Al Pr. Marcelo Mammana, director de Acción Solidaria Adventista (ASA) de la Asociación Argentina Central (AAC), por su apoyo en la publicación y distribución de este libro.

Al Hno. Daniel Pena por sus aportes, disposición y sugerencias para que este manual fuera completado.

Al Dr. Abrahám Acosta, por el apoyo en la promoción y publicación de la obra anterior en el 2014 en Colombia, ya que esto sirvió de motivación para la adaptación del presente libro.

A mi amada esposa Evelyn, por su amor, paciencia y motivación. Por unirse conmigo en oración para cumplir los propósitos de Dios.

Índice

Dedicatoria

A todos aquellos hermanos anónimos que participan diligentemente en la obra carcelaria recibiendo como para sí las palabras del apóstol: «Acordaos de los presos, como si estuvierais presos juntamente con ellos» (Heb. 13:3, RVR-60).

A cada pastor y líder de iglesia que con su familia se entregan a este ministerio, haciendo lo posible para que la iglesia entera vuelque su mirada hacia aquellos que están tras las rejas clamando por libertad

A todo aquel que cree que aquellos que están detrás de las rejas también son sus prójimos

A aquellos que son conscientes que la piedad practica es la única clase de religión que se reconocerá en el juicio divino y por eso el servir es la esencia de su existir

A Dios, porque al enviar a su Hijo amado a esta tierra para morir en una cruz, nos hizo verdaderamente libres. ¡A Él sea la gloria!

...porque estuve en la cárcel, y vinisteis a mí

(Mateo 25:34-40).

Introducción

A través de todo su ministerio, Jesús destacó la autoridad de las Escrituras,[3] Siendo éstas un libro de liberación por excelencia. El Dios de la Biblia se ha dado a conocer como quien desea que los hombres y mujeres en todos los lugares experimenten una libertad plena. Jesús, el personaje central de toda la Biblia, se identificó con los prisioneros de esta tierra y pasó más de tres años rompiendo las cadenas del pecado y sacando a los seres humanos de la cárcel y de la oscuridad a la maravillosa luz de la libertad. Dijo: «Estuve en la cárcel y vinisteis a mí», y «en cuanto lo hicisteis a uno de estos mis hermanos pequeñitos, a mí lo hicisteis» (Mateo 25:36, 40, RVR-60).

Muchos cristianos sienten que no deben ayudar a gente que está cosechando el fruto de lo que han sembrado. Sin embargo, un cuidadoso examen de las Escrituras nos recompensará con el hecho de que la culpa de la persona no exime al cristiano de su responsabilidad de predicar el evangelio a toda criatura, a toda nación, tribu, lengua y pueblo en todo lugar.[4]

El ministerio en las cárceles por parte de la Iglesia Adventista del Séptimo Día (IASD) necesita ser fortalecido con voluntarios abnegados y desinteresados, que se organicen, capaciten, oren, se preparen y emprendan la tarea de proclamar el mensaje de libertad en Cristo a cada preso en cada cárcel. Y el plan más efectivo para ganar estas almas para el reino de los cielos será el método de Cristo: «El Salvador trataba con los hombres como quien deseaba hacerles bien. Les mostraba simpatía, atendía a sus necesidades y se ganaba su confianza. Entonces les decía: "Seguidme"».[5]

Las personas recluidas en centros penitenciarios y carcelarios hacen parte de la población a ser alcanzada con el evangelio para salvación.[6] La iglesia debe considerar el impactante y rápido crecimiento de la población carcelaria ya que este elevado crecimiento genera cada vez más diversos conflictos psicológicos,

---

[3] Asociación Ministerial de la Asociación General. *Creencias de los Adventistas del Séptimo Día*, p. 19.

[4] Patterson y Rosado. *Ministerio efectivo en la prisión*, p. 24, 25.

[5] White. *El ministerio de curación*, p. 102.

[6] «Id por todo el mundo y predicad el evangelio a toda criatura» (Marcos 16:15, RVR-60).

emocionales, familiares, económicos, sociales y espirituales. Y aunque las estadísticas revelan números, para Aquel que «nos llamó de las tinieblas a su luz admirable», estas personas, son preciosas «joyas» encerradas en «cofres» particulares e indeseables. Son almas por las cuales se pagó un incalculable rescate, el cual costó la vida misma del Hijo de Dios para que llegasen a ser verdaderamente libres.

En respuesta a la preocupación anteriormente mencionada, se presenta este manual, el cual despliega algunas características específicas:

- Define algunos términos pertinentes para el ministerio en las cárceles.
- Destaca diferentes maneras en las que se puede involucrar un(a) voluntario(a) en un ministerio carcelario.
- Señala la preparación y algunas calificaciones espirituales sugerentes para aquellos que quieren emprender esta obra de visitación directa en las cárceles.
- Incluye un soporte legal que respalda el libre desarrollo de un ministerio de evangelización en las cárceles.
- Especifica algunas sugerencias básicas que servirán como orientación para quienes desean participar en el servicio misionero hacía las personas recluidas en las cárceles y a sus familias.
- Comparte ejemplos de programas educativos que pueden ser llevados a cabo dentro de las instituciones penitenciarias.
- Brinda un soporte bíblico el cual servirá de guía para desarrollar eficazmente un ministerio carcelario.
- Menciona algunos aspectos básicos en cuanto al conocimiento del preso y su entorno.
- Presenta un informe estadístico oficial que será muy útil en cuánto al conocimiento de la realidad carcelaria del país y la ubicación geográfica de los establecimientos penales en relación con las iglesias.
- Comparte dos poemas y un himno que aluden a la importancia de acordarse del necesitado.
- Finalmente se proponen dos formatos adaptables que serán de mucha utilidad para el adecuado desarrollo, seguimiento y organización del ministerio.

Las experiencias personales y la investigación de fuentes bibliográficas fueron la base de las ideas y sugerencias presentes en este manual. No obstante, es necesario aclarar que la implementación de un ministerio carcelario con estrategias eficaces y pertinentes, exige un estudio apropiado y exhaustivo de las personas involucradas y afectadas por la situación de encarcelamiento. Por lo tanto, este manual es solo una iniciativa, y algunos de sus propósitos son:

- Motivar y orientar a los interesados de la IASD que deseen involucrarse en un ministerio de servicio voluntario en las cárceles.

- Preparar a aquellos que quieren practicar de una manera eficaz «el arte de rescatar a hombres y mujeres desesperados que, por una u otra razón, se encuentran detrás de las rejas».[7]

- Sensibilizar a la feligresía de la IASD acerca de la necesidad de trabajar por las personas que han perdido su libertad, que como los demás seres humanos necesitan conocer las buenas nuevas de salvación.

- Incentivar a los líderes de la iglesia para que capaciten a sus miembros para implementar un ministerio carcelario en cada iglesia.

- Y finalmente, se espera que las ideas aquí registradas sean de gran utilidad para quienes creen que el poder del evangelio sigue transformando vidas, incluso la de aquellos que son considerados como un peligro para la sociedad.

Que Dios dirija la mente y el corazón del que leerá este manual, motivándole al servicio de los desfavorecidos y necesitados, en este caso las personas privadas de su libertad recluidas en diversos centros penitenciarios.

Que Dios por medio de su Espíritu Santo guíe a su iglesia en la tarea preciosa de rescatar y arrebatar estas almas para el Reino de los Cielos.

---

[7]Patterson y Rosado, p. 9.

Capítulo 1

Definición de términos

Para una mejor comprensión de la importancia de un ministerio carcelario, es necesario conocer las definiciones de algunos términos básicos.

Ministerio: Es un vocablo de significados diversos. Señala a las variadas tareas a través de las cuales la iglesia cumple con su misión en el mundo (1 Cor. 12:5; Ef. 4:11-12). Designa también a una determinada área de servicio dentro del conjunto de acciones con que la iglesia lleva a cabo su misión (ejemplo: ministerio de oración, adoración, evangelización).[8]

La meta determinante para todos los ministerios es el servicio misionero al mundo. Cada ministerio tiene que estar impregnado de esta idea básica.[9]

Evangelización: Es la predicación del evangelio cristiano de salvación a través de Jesús y con el poder del Espíritu Santo a otras personas inconversas, con el propósito de que puedan arrepentirse de sus pecados, poner fe en Cristo como Señor y Salvador, y encontrar una nueva vida en él. Los medios utilizados para esparcir el evangelio son muchos y diversos. Todos ellos deben ser relevantes para la cultura particular de las personas a las que se quiere alcanzar. La evangelización no es la totalidad de la misión cristiana, pero muchos creen que la misión es inadecuada o insuficiente sin la evangelización.[10]

---

[8]Deiros, *Diccionario hispanoamericano de la misión*, p. 283.
[9]Rzepkowski, *Diccionario de misionología*, p. 357.
[10]Deiros, p. 179.

Evangelio integral: Comprensión del evangelio en sus dimensiones múltiples, personales (individuales) y sociales, como las implicaciones que tiene en todos los órdenes de la vida: religioso (espiritual), cultural, político, económico y familiar.[11]

Misión integral: Es la proclamación, en palabra y acción de un evangelio integral, que contempla la satisfacción de todas las necesidades humanas, y anuncia en Cristo una salvación que alcanza todas las esferas de la vida y las relaciones humanas. Consiste en la visión, acción y reflexión misionera de la iglesia, las cuales deben estar fundamentadas en el evangelio.[12]

Servicio: Es un don del Espíritu Santo (Ro. 12:7; 1 P 4:11). Este don presupone un compromiso abnegado y fiel con las responsabilidades del reino de Dios al llenar las necesidades de otros (Tit. 3:13-14). El modelo de Jesús para los ciudadanos del reino es el del diácono (gr. διάκονος) o «servidor de mesa» (Hch 6:1-7). Según C. Peter Wagner, «el don de servicio es la habilidad especial que Dios da a ciertos miembros del cuerpo de Cristo para identificar las necesidades en una tarea relacionada a la obra de Dios, y para hacer uso de los recursos disponibles para llenar esas necesidades y ayudar a lograr las metas deseadas».[13]

Acción social cristiana: Intento organizado de resolver un problema social desde una perspectiva cristiana y como expresión de fe con el reino de Dios.[14]

Mandato cultural: Se refiere al mandato de Jesús de preocuparse por la situación del prójimo. La misión y ministerio de la iglesia según se expresa en su preocupación y compromiso social.[15]

Mandato evangelizador: El mandato de Jesús de alcanzar a otros con el testimonio del evangelio. La misión y el ministerio de la iglesia según se expresa en su preocupación y compromiso espiritual.[16]

Renovación: Proceso de restauración a un estado anterior mejor o a un nuevo estado, pero superior cualitativamente a todo lo anterior. Involucra la restauración de la vitalidad, el vigor y la actividad. El término se aplica a la vida espiritual del individuo y la iglesia en el sentido de una nueva consciencia de poder y vitalidad espiritual, que es obrada por el Espíritu Santo.[17]

---

[11]Deiros, p. 177.

[12]Deiros, p. 290.

[13]Deiros, p. 393.

[14]Deiros, p. 27.

[15]Deiros, p. 267.

[16]Deiros, p. 267.

[17]Deiros, p. 374.

Liberación: La libertad es un distintivo del hombre como imagen de Dios. Ella se funda en la verdad y tiene su base en la acción salvífica de Cristo. De ahí que ella sea un dar la espalda al egoísmo personal y colectivo.[18]

Marginados: Aquellos que padecen una situación social de marginación, es decir, que se encuentran aislados de la sociedad y de los beneficios y oportunidades que ésta ofrece.[19]

Cárceles y penitenciarias: Las cárceles son establecimientos destinados para la detención preventiva, previstos exclusivamente para retener y vigilar a quienes se les imputa la comisión de un delito y que se encuentran en proceso de juzgamiento.[20] Las penitenciarías son establecimientos destinados a la reclusión de condenados y en los cuales se ejecuta la pena de privación de libertad. Figuran como un «ente resocializador por medio del trabajo, la educación y la disciplina».[21]

Resocialización: Es la interiorización de un conjunto nuevo y diferente de normas y valores [...] es la modeladora de una conducta que se ha desviado y debe reorientarse [...] acción que se realiza sobre los prisioneros para justificar la existencia social y jurídica de la cárcel. La cárcel (legalmente) no tiene el objetivo de humillar, castigar y vengarse del infractor de la ley penal, sino de resocializarlo.[22]

Detención: Es la privación de la libertad personal por orden judicial.[23]

Prisión: Es la modalidad de sanción a infractores de la ley penal, mediante la privación de la libertad. Cárcel donde se encierra a los presos. Jurídicamente, la prisión difiere de la detención en que la primera rige para las personas condenadas, y la segunda es la medida de restricción de los procesos.[24]

Interno/a, preso/a, recluso/a, reo/a: Persona privada de la libertad, por imposición de una medida de aseguramiento o una pena privativa de la libertad.[25]

---

[18]Rzepkowski, p. 330.

[19]Rzepkowski, p. 268.

[20]Galvis Rueda, *Sistema Penitenciario y Carcelario en Colombia*, p. 63.

[21]Echeverri Ossa. *Enfoques penitenciarios*, p. 62 (citado en Galvis Rueda, p. 64).

[22]Según Light, Séller y Craig (citado en Roldan Cardona y González Cardona, p. 116, 117).

[23]Instituto Nacional Penitenciario y Carcelario (INPEC), *Informe Estadístico - Marzo 2016 - No. 3*, p. 9.

[24]INPEC, p. 10.

[25]INPEC, p. 10.

Capítulo 2

Maneras de involucrarse en el ministerio carcelario

Existen diversas maneras de involucrarse en un ministerio carcelario. Las siguientes son algunas sugerencias sabiendo que pueden existir otras. Éstas pueden ser ajustadas y mejoradas al contexto donde se pretende trabajar.

Dentro de la cárcel (intramuros)

- Visitando sistemática y directamente la cárcel como voluntario.[26]
- Conduciendo servicios de adoración, estudios bíblicos o reuniones de pequeños grupos dentro de las cárceles.
- Proveyendo capacitaciones por medio de cursos, talleres, seminarios, jornadas deportivas, etc.[27]
- Dirigiendo un programa organizado de discipulado.
- Apoyando la capellanía de una prisión.

---

[26]El voluntario debe tener una preparación previa de lo que significa involucrarse en este ministerio. Este manual será de gran ayuda para dicho fin.

[27]Consultar el capítulo siete de este libro.

Fuera de la cárcel (extramuros)

- Involucrarse en un ministerio de oración intercesora específica.
- Escribiendo cartas misioneras.[28]
- Enviando alimentos, ropa, literatura o implementos de aseo por medio de los voluntarios que visitan directamente a los presos.
- Ayudando a las familias de los presos por medio de visitas, capacitaciones, donaciones, apoyo espiritual, recreación, etc.
- Proporcionando apoyo financiero a un ministerio carcelario.
- Proveyendo Biblias, Himnarios y literatura cristiana apropiada.
- Escribiendo, publicando y distribuyendo material de entrenamiento basado en la Biblia y específicamente diseñado para los presos (cancioneros, estudios bíblicos, literatura, manuales, etc.).
- Diseñando material audiovisual o escrito basado en testimonios reales.
- Transportando a los voluntarios a las diferentes cárceles si se posee un vehículo.
- Ayudando a los presos en la adaptación a la sociedad después de su liberación.
- Diligenciando trámites legales, personales y familiares que el preso requiera.[29]

---

[28]Se aconseja omitir información muy personal. Las cartas tienen el fin de alentar, fortalecer, animar, dar esperanza, motivar y guiar al lector de dicha carta a Cristo.

[29]Evaluar con precaución previamente las diligencias que se realizarán. Si todavía no se tiene mucha confianza con el preso, se aconseja consultar siempre a los hermanos voluntarios con más experiencia antes de aceptar ayudarlo con algún trámite o favor.

Capítulo 3

Calificaciones y preparación

Aquellos que ministran con los presos deben estar seguros de su relación con Cristo, deben establecer un ejemplo apropiado y siempre deben estar listos a dar una respuesta para la esperanza que ellos necesitan. Una persona llamada a este ministerio debe demostrar todas las virtudes espirituales enseñadas en la Palabra de Dios.

Este capítulo da énfasis a las calificaciones esenciales que los obreros voluntarios en el ministerio carcelario deben poseer. Está basado en un manual cristiano de entrenamiento carcelario disponible para descargar.[30]

Las calificaciones espirituales

Valor: Al entrar en una cárcel para ministrar no es raro sentirse un poco intranquilo las primeras veces, pero se debe recordar que Dios cuidará de usted siempre que esté en su servicio. En la mayoría de los casos, la capilla de la cárcel es un lugar seguro y los presos están abiertos y amistosos. «En el amor no hay temor, sino que el perfecto amor echa fuera el temor...» (1 Jn 4:18, RVR-60).

Cooperación: Hay muchas personas diferentes trabajando en una cárcel. Un buen obrero sabe cooperar con otros y demostrar educación, amabilidad, comprensión, paciencia y acatamiento a las órdenes prescritas por la administra-

---

[30]Harvestime International Institute, *Vinisteis a mí.*

ción, guardias, otros voluntarios, y sobre todo con el capellán, si la cárcel tiene uno.

Autenticidad: ¡Sea real y transparente! Los presos son especialistas en identificar los engaños. Una persona no debe visitar la cárcel con motivos impropios ya que los presos son sumamente perceptivos. Ellos pueden rápidamente descubrir la persona que se unió al equipo por curiosidad, pueden reconocer los motivos egoístas y actitudes como «yo soy más santo que usted», esto no tienen ningún lugar en este ministerio.

Humildad: Mantenga un espíritu humilde. Recuerde: usted está allí para servir. Siempre esté en sujeción a aquellos en autoridad (capellán, guardias, supervisor, etc.).

Perdón: Cree un espíritu perdonador, reconociendo que si no fuera por la gracia de Dios, usted podría estar en una situación similar. Comprenda que el perdón de Dios se extiende hasta aquellos mismos qué la sociedad ha llamado «como quienes no tienen perdón de Dios».

Perseverancia: La sociedad, los amigos y la familia han perdido el interés en muchos presos. Ellos no necesitan de alguien más para rechazarlos. Sea paciente. Dios ha prometido que usted segará el fruto espiritual en la estación debida. Voluntarios que empiezan y entonces abandonan esta obra, desmoralizan al preso y al personal que trabaja en la cárcel, generando así, una mala imagen a los esfuerzos de la iglesia.

Fidelidad: Sea fiel, constante, y fidedigno en la actuación de sus deberes, sobre todo manteniendo las promesas y en estar a tiempo para las citas o servicios. Una visita puede ser simplemente otra cosa más en una larga lista de cosas que usted tiene que hacer, pero puede ser el momento culminante de la semana de un preso. No los decepcione. Sea fiel a este gran privilegio que Dios le ha confiado.

Empatía: La empatía es la habilidad de sentir con las personas como si usted estuviera en su lugar. En el Antiguo Testamento, el Profeta Ezequiel se sentaba con los cautivos en el Río Quebar antes de que él compartiera el mensaje de Dios a ellos. Él se había sentado donde ellos se sentaban (Ez 1:1). La invitación del apóstol Pablo también recuerda cuán necesario es colocarse en el lugar un prisionero: «Acordaos de los presos, como si estuvierais presos juntamente con ellos...» (Heb 13:3, RVR-60).

Sentido de misión: ¡Un sentido de misión es un deseo y determinación para dar a esta obra la prioridad necesaria (en los tiempos designados para ella).

Es una creencia que esto es lo que usted estaría haciendo mejor (en ese momento) que cualquier otra actividad en cualquier lugar del mundo!

Crecimiento espiritual: No sólo debe llevar a los presos al nuevo crecimiento espiritual, usted también debe estar deseoso y ansioso por crecer. El crecimiento espiritual es un proceso para toda la vida.

Madurez emocional: Es importante que usted pueda tratar con sus propias emociones: el enojo, la depresión, con un día bueno y con uno malo. La prisión es un lugar deprimente y los presos no necesitan más oscuridad y sentencia.

Amor: Estudie 1 Corintios 13. La mayor fuerza motivadora detrás de cualquier ministerio – y sobre todo el ministerio de prisión – es el amor. El amor por Dios, el amor incondicional por el preso y el amor por la misión a la cual Dios lo ha llamado.

Preparación

Hay cuatro áreas vitales de preparación para aquellos que desean ser obreros eficaces en el ministerio carcelario.

1. Prepárese en oración

Como en cada ministerio, la oración alimenta el ministerio carcelario eficaz. Aquí están algunos objetivos específicos para la oración:

- El capellán de la institución.
- Los presos individuales.
- Las familias de los presos.
- El director y el personal administrativo.
- Los guardias.
- La seguridad de los voluntarios dentro de los penales.
- Las personas en libertad condicional: Por sus necesidades espirituales y prácticas: trabajos, alojamiento.
- Conocimiento de parte de Dios acerca de las verdaderas necesidades de los presos.
- Reavivamiento espiritual.
- Para que Dios levante líderes espirituales fuertes en cada iglesia y en cada grupo de oración dentro de las cárceles.

- Oración solicitada por el preso: Si existe una capilla o un lugar de oración, se puede tener una caja de pedidos de oración. Los presos escriben sus pedidos y los colocan en la caja para que los voluntarios oren específicamente por sus preocupaciones.

2. Prepárese en la Palabra

El voluntario de la prisión debe tener un buen conocimiento activo de la Biblia y del cristianismo básico.

La mayoría de los presos no están interesados en los puntos más finos de la teología, pero ellos necesitan una clara y descifrable presentación del evangelio. Si usted no estudia y entiende la Palabra, ¿Cómo podrá ayudar a alguien a que aprenda, estudie y entienda mejor la Palabra? Para ser un obrero eficaz de la cárcel, deberá estudiar la Palabra de Dios continuamente.

3. Prepárese para su responsabilidad específica

Prepárese para su responsabilidad específica en el ministerio. Si usted es escogido para cantar, tenga su selección de cánticos preparada. Si va a enseñar, dedique un tiempo adecuado para preparar su lección. Si va a realizar una actividad de integración, prepárela con anticipación.

4. Prepárese para la institución específica

Se debe tener en cuenta que cada cárcel o prisión es diferente, algunas son más estrictas que otras, por tal razón:

- Conozca las reglas generales de la institución específica. Éstas pueden variar de institución a institución.
- Conozca el conducto regular de la institución
- Conozca lo que le es permitido ingresar a la institución (alimentos, ropa, elementos de aseo, literatura etc).

La cadena de actividades para la evangelización[31]

El «enlace»	Identidad del enlace	Fundamento bíblico
Dios	Padre Hijo Espíritu Santo	1 Pedro 1:2, Efesios 1:3-14
La herramienta	La Palabra de Dios	1 Pedro 1:23, Romanos 10:17
El trabajador	Los creyentes	Romanos 10:14, 15, Juan 4:35, Mateo 9:37, 38
El objeto del amor de Dios	Los perdidos	Lucas 5:32, 2 Corintios 4:3-6

Si existe un «enlace débil» en esta cadena, muchas veces será el del trabajador, es decir, el creyente. Allí es donde el enemigo obtiene el éxito muchas veces, ya que aprovecha la debilidad de los creyentes, su falta de perseverancia y de dependencia del que no puede fallar, de Dios y su Palabra. Se debe entonces, cooperar con Dios constantemente para obtener el éxito en la salvación de los perdidos. Así, Su nombre será glorificado.

---

[31]Hines, *Manual de capacitación para el Ministerio carcelario*, p. 18.

Capítulo 4

Trámites para la visita de presos

En este capítulo se brindará la información básica para conocer los trámites y procesos para acceder como visitante a los establecimientos penitenciarios. En la primera parte se presentará la información necesaria para la realización de los trámites correspondientes para obtener la tarjeta única de visita (tarjeta de ingreso) y otra información de interés especial. En la segunda parte, y de manera complementaria, se transcribirá información para visitantes de personas privadas de libertad en establecimientos dependientes del Servicio Penitenciario Federal (SPF).[32]

Primera parte

Trámites a tener en cuenta para obtener la tarjeta de ingreso a una unidad carcelaria.[33]

1. Acercarse a la Unidad de la zona y solicitar en primer momento una audiencia con el director o subdirector con el fin de explicarle que se quiere evangelizar a los internos de esa unidad. Se debe dejar expresa constancia que como voluntarios pertenecen a la Iglesia Adventista del Séptimo Día (IASD).

---

[32]Disponible en la página de la Procuración Penitenciaria de la Nación.

[33]Adaptado de la sección A del capítulo 9 (escrito por el Prefecto Mayor Miguel Magdalena), de la *Guía del Ministerio Carcelario Adventista*, preparada por el departamento de MiPES de la Asoc. Bonaerense, año 2016. Siendo que dicha Guía se preparó para Buenos Aires, seguramente habrá variación respecto a los lugares y trámites requeridos en las otras provincias. Con todo, no deja de ser útil.

                    Manual de orientación para el ministerio carcelario

2. Se debe dejar claro que la tarea que desean efectuar es en un marco de respeto a las autoridades, a las leyes y reglamentos que rigen al Servicio Penitenciario. Como así también que no existe intención de confrontar con las demás iglesias que estén desarrollando sus tareas. Se pretende especialmente expresar y enseñar las creencias en Dios desde la doctrina Adventista del Séptimo Día.

3. Luego de esta charla, el director los enviará al jefe de Cultura y Educación (jefe de Estudio y Culto). Con este funcionario, los hermanos voluntarios deberán tener un contacto fluido y continuo. Para este efecto, les será solicitado el número telefónico para estar comunicados permanentemente.

Dentro de las responsabilidades del jefe de Estudio y Culto se encuentran las siguientes:
— Ser un nexo entre los misioneros/evangelizadores y los internos.
— Coordinar todas las actividades culturales y horarios en el interior de la cárcel.

Se recomienda que toda actividad extra —como pueden ser futuros bautismos, ingreso de coros o grupos musicales adventistas, actividades especiales, etc.— se tramite mínimamente con quince días de anticipación considerando el tiempo que lleva el trámite de autorización.

4. El jefe de Estudio y Culto le entregará al hermano voluntario una planilla que completará con sus datos para luego enviarla al presidente o apoderado legal de la iglesia, quien la firmará verificando si se solicita la tarjeta por primera vez o si es una renovación:

a. **Por primera vez**: Deberá indefectiblemente enviarla a la Dirección General del Registro Nacional de Cultos para certificar la firma del apoderado:

• Ministerio de Relaciones Exteriores y Culto
Subsecretaría de Culto
Dirección: Calle Esmeralda 1241, C.A.B.A.
Teléfonos: (011) 4819-7000 Int.: 8194 / 8225 / 8224
E-mail: diras@cancilleria.gov.ar; info@cancilleria.gob.ar
https://www.mrecic.gov.ar/es/subsecretar%C3%ADa-de-culto

Debido al tiempo que lleva realizar el trámite, es necesario que el apoderado de la Iglesia, o personal de la Secretaría, se comunique directamente; de esta manera se puede agilizar el trámite.

b. **Renovación**: Si se solicita la renovación de la tarjeta, no es necesario que se la envíe al Ministerio de Relaciones Exteriores y Culto, solamente con la firma del apoderado es suficiente.

El próximo paso es remitir la planilla al hermano con el fin de proseguir el trámite. Se le entregará al funcionario de la cárcel la planilla juntamente con dos fotos tipo carné y fotocopias del DNI. Luego será enviada a la jefatura del Servicio Departamento de Culto.

Es fundamental llamar telefónicamente al Departamento de Cultos No Católicos (dependiente de la Dirección General de Asistencia y Tratamiento Penitenciario), con asiento en la Jefatura del Servicio Penitenciario de la ciudad de La Plata con el fin de agilizar el trámite y obtener la tarjeta de autorización de ingreso.

Dirección: Calle 6 N.º 122 entre 34 y 35
Telefax: (0221) 429-3800 interno 83840
http://www.spb.gba.gov.ar/site/index.php/contac-9

Otros aspectos importantes a tener en cuenta:

Es necesario realizar la documentación con el aval del pastor del distrito, la junta de iglesia local y el apoderado. La renovación de parte de la iglesia no es automática, sino que el solicitante deberá estar en las mismas condiciones eclesiásticas que cuando la obtuvo por primera vez.

Las credenciales se pueden:
— Renovar.
— No renovar.
— Interrumpir, si las condiciones del miembro de la iglesia adventista se vieran alteradas.

Es necesario que, en lo posible, sean solicitadas las tarjetas de autorización para cuatro hermanos, además del la del pastor de la región a cargo de la iglesia en donde se va a predicar. De esta manera se podrán distribuir la tarea de dos en dos los fines de semana, formándose dos equipos de trabajo, uno cada fin de semana.

Segunda parte

Información útil para visitantes de personas privadas de libertad en establecimientos dependientes del Servicio Penitenciario Federal[34]

Toda persona privada de libertad tiene derecho a mantener contacto con sus familiares, amigos, allegados, etc. a través de comunicaciones periódicas en

---

[34]Disponible en http://www.ppn.gov.ar/?q=info-visitas; Internet (consultada el 29 de agosto de 2016).

forma oral o escrita. Una de las formas más importantes, son las visitas regulares en el establecimiento donde la persona se encuentre detenida.

La normativa internacional establece que el contacto de los detenidos con la familia es un derecho y no un privilegio para el que haya que hacer méritos. El mencionado derecho se encuentra consagrado a su vez, en la Ley 24.660 capítulo XI, artículos 158 a 167 y en el Decreto 1.136/97 que reglamenta dicho capítulo. Asimismo el Decreto 1.136/97 en el artículo 21 establece los derechos y los deberes de los visitantes. Para ello, la administración penitenciaria, mediante el director del establecimiento y la sección asistencia social, debe arbitrar los medios necesarios a fin de garantizar el cumplimiento de tal derecho.

Más allá de la información suministrada por el SPF en su página web, respecto a la documentación requerida, aquí se mencionarán algunas otras situaciones particulares relevadas por este Organismo.

Usted deberá poseer la tarjeta única de visita para poder visitar a su familiar, allegado, amigo, etc. Esta tarjeta la emite el SPF, en el establecimiento en el que se encuentra detenido/a la persona que va a visitar, una vez que usted presentó la documentación requerida.

La documentación requerida es:
— Partida de nacimiento[35]
— 3 fotos carné
— Certificado de domicilio
— Certificado de antecedentes

El certificado de antecedentes podrá tramitarlo gratuitamente en el Centro de Detención Judicial (Unidad N.º 28) Lavalle 1337 - C1048AAG Ciudad Autónoma de Buenos Aires.

Tenga en cuenta que para realizar el trámite deberá ser mayor de 18 años y presentar DNI, LC, LE, CI o Pasaporte. Debe destacarse que no le aceptarán la constancia de inicio de trámite de ninguno de los documentos mencionados.

• Si usted es **familiar directo** de la persona detenida y todavía no posee la tarjeta única, la primera vez podrá ingresar presentando el DNI. Luego tendrá la posibilidad de ingresar en dos oportunidades más, siempre y cuando presente el resto de la documentación requerida. Esto es: partida de nacimiento, tres fotos carné, certificado de domicilio y certificado de antecedentes.

---

[35]Sólo si es familiar directo de la persona detenida.

• Si usted es **amigo, conocido o allegado** (sin vínculo familiar directo) de la persona detenida no podrá ingresar hasta tanto se le haga entrega de la tarjeta única. Para tramitarla deberá presentar tres fotos carné, certificado de domicilio y certificado de antecedentes.

En caso de no poseer antecedentes penales, podrá ingresar el mismo día que presenta la documentación.

En caso de poseer antecedentes penales, deberá esperar la autorización del director de la unidad, para poder ingresar al establecimiento.

• Si usted es **ex detenido/a**: Si se encuentra con alguna de las libertades anticipadas deberá presentar autorización del juez para ingresar a la unidad. Y si se encuentra en libertad por agotamiento de pena, deberá presentar la constancia de libertad correspondiente.

• Los visitantes de **entre 18 y 21 años** no emancipados podrán ingresar solos, siempre que cuente con una autorización de padre, madre, tutor o juez competente. De todas maneras, se recomienda consultar con la Sección Visita o la Sección Asistencia Social de la unidad donde se encuentre detenido/a su familiar.

• En el caso de visitas de menores de 18 años, deberá consultar con la Sección Visita o la Sección Asistencia Social de la unidad donde se encuentre detenido/a su familiar.

Téngase presente que dicha tarjeta le servirá para ingresar a todos los establecimientos dependientes del SPF.

Al momento de la visita

Días y horarios de visita: En todos los casos, usted deberá tener en cuenta el día y horario de visita estipulado para el sector de alojamiento de la persona que desea visitar. Esta información se la brindarán en cada establecimiento. Cualquier cambio en los días y horarios deberá ser anunciado por el SPF.

La vestimenta: El SPF deberá comunicar por medio de listados que serán colocados en el sector de ingreso de la visita, toda aquella información referente a la vestimenta no permitida para el ingreso de los visitantes a la unidad. Siempre que el SPF realice cambios en estas disposiciones deberá informarlo.

Requisas personales a los visitantes: Una vez concluidos los trámites formales antes mencionados y en el momento de la visita en la unidad, se le solicitará someterse a una inspección previa al ingreso, mediante un sistema de equipos electrónicos. El registro manual sólo está permitido en aquellos casos en que la persona no pueda, por razones médicas, pasar por las máquinas de rayos X o de detección de metales (mujeres embarazadas, personas con marcapasos, personas que padezcan alguna enfermedad oncológica, etc.). En la mayoría de las unidades, se han instalado tres aparatos:

— Portal detector de metales
— Escáner corporal de rayos X
— Paletas detectoras de metales (portátiles)

La información sobre los eventuales efectos para la salud de los aparatos debe ser brindada por el SPF al momento de tramitar la documentación para el ingreso, pudiendo hacerle firmar una declaración de que no presenta impedimentos para someterse al control. En los casos de las personas exceptuadas, el registro manual no puede ser intrusivo ni implicar contacto o desprenderse de la totalidad de la ropa. Si el escáner de rayos X arrojara resultado positivo a la inspección, el personal del SPF debería informarle y solicitarle que se someta a una inspección manual. En ningún caso ésta puede ser intrusiva ni implicar ningún tipo de revisación de las cavidades íntimas.

Usted tiene derecho a denunciar si el personal penitenciario le requiere someterse a procedimientos de requisa que incluyan desnudo total y/o mostrar cavidades íntimas. Puede realizar la denuncia por sí mismo o, si lo prefiere, puede comunicarse a este Organismo a fin que se realice la denuncia penal correspondiente (el teléfono es: (011) 4124-7100).

Requisa de los paquetes: Aquellos paquetes que quiera ingresar a la visita también son inspeccionados mediante el uso de equipos electrónicos, en este caso un escáner de bolsos. Algunos de los productos son además, inspeccionados manualmente.

En cuanto a las mercaderías y otros elementos que quiera hacerle llegar al detenido/a mediante depósito, debe corroborar previamente en los listados que están colocados en el sector de ingreso de la visita, cuáles están permitidos y cuáles no. Siempre que el SPF realice cambios en estas disposiciones deberá informarlo

En el caso que su familiar detenido/a se encuentre sancionado/a: De acuerdo al Reglamento de Disciplina del SPF, a la persona detenida se lo podrá sancionar con la suspensión de la visita regular. Dicha medida disciplinaria no podrá exceder los 15 días. Sin embargo, el/la detenido/a podrá recibir una única visita en locutorio durante una hora de un familiar directo o de un allegado.

En el caso en que se aplique una sanción disciplinaria de aislamiento, el/la detenido/a no podrá recibir paquetes. Podrá recibir en una oportunidad, la visita de un familiar directo o de un allegado (en caso de no contar con familiar directo que lo visite), por una hora en el locutorio. En el locutorio, la conversación se realiza a través de un teléfono.

Ante una sanción de aislamiento, el/la detenido/a podrá solicitar a la Sección Asistencia Social de la unidad que le informe a sus familiares en que día y horario se podrá realizar la visita o transmitirle su deseo de no recibir visita durante el aislamiento.

Capítulo 5

Libertad religiosa

Uno de los dones más valiosos que el Creador ha otorgado al ser humano es el de la libertad. La facultad de elegir libremente es un derecho que va más allá de lo político y religioso; es un derecho otorgado al hombre de hacer uso de su voluntad para relacionarse en estrecho vínculo con su Creador o no hacerlo. De amar, servir, adorar y reconocer a Dios como su Señor y Creador o eximirse de hacerlo. Tal derecho otorgado a las criaturas humanas ha sido motivado por un principio sublime y eterno: el Amor divino.

La libertad religiosa, por lo tanto, ha sido descrita como «la matriz de los demás derechos fundamentales de la persona humana»[36] puesto que alguien puede creer, practicar y divulgar libremente su fe y sus creencias. El *Working Policy* de la IASD especifica que los adventistas del séptimo día ven la libertad religiosa como el derecho humano primordial que subyace a todos los derechos humanos.[37] Esto es central para la libertad humana. Por lo tanto, se debe hacer todo lo posible para promover y proteger este derecho fundamental.[38]

Las personas privadas de su libertad no son excluidas de este derecho esencial. A ellas, como a quienes les visitan se les ha otorgado todo un marco legal que favorece la libre expresión de fe en un ambiente propicio para compartir sus

---

[36]Bosca, *La libertad religiosa en la Argentina*, p. 11.

[37]General Conference of Seventh-Day Adventist, *Working Policy*, p. 321.

[38]Diop, en Public Affairs and Religious Liberty Department, *Religious Freedom: World Report - 2015*, p. 6. Este informe será de gran utilidad para conocer la situación de cada país con presencia adventista. En la p. 24 se encuentra el informe para Argentina.

creencias religiosas. La IASD en Argentina se encuentra reconocida e inscrita en el Registro Nacional de Cultos.[39] Dicho reconocimiento le da el derecho a la persona privada de su libertad de que se le facilite la atención espiritual que ésta requiere por parte de un representante de su iglesia.

A continuación se expondrán algunos ejemplos de presos bíblicos a los cuales se les permitió el libre ejercicio de sus creencias.[40] Se resaltará también la participación de Elena G. de White en las cárceles y se presentará alguna información oficial de la IASD relacionada con la libertad religiosa. Finalmente, se desplegarán diversos artículos legales que para el preso y quien le visita, favorecen el libre ejercicio de su fe y creencias religiosas en el entorno carcelario. Conocer este marco legal de libertad religiosa y ahondar más en él, ayudará a fortalecer, organizar y abarcar más el trabajo misionero en favor de los presos, cumpliendo el cometido evangélico de predicar el evangelio a toda criatura en todo lugar del mundo.[41]

Ejemplos bíblicos

Se mencionarán tres casos bíblicos, dos del AT y uno del NT:

José

Esclavo en una nación pagana y privado de su libertad por una falsa acusación, no dejó de confiar y testificar de su fe en el Dios de sus padres. Su diligencia en los asuntos encomendados,[42] su compasión por sus compañeros de prisión y su fidelidad y abierto testimonio le abrieron las puertas de la prisión y de esclavo y preso ascendió al trono de Egipto.

Jeremías

Durante su ministerio se presentan tres momentos en los que se ve a Jeremías detenido y encarcelado. El segundo momento probablemente sucedió en el año 605/604 a. C. del reinado de Joacim (Jer. 25:1; 36:1).[43] Sin embargo, el estar preso no detuvo su oficio profético. «Es evidente que Jeremías pasó mucho

---

[39]Registro Nacional de Cultos del Ministerio de Relaciones Exteriores y Culto. Véase: https://www.mrecic.gov.ar/es/registro-nacional-de-cultos

[40]Este libre ejercicio no quiere decir libre de opresión o trato severo. El contexto de estos casos ayuda a ver claramente esta situación.

[41]Marcos 16:15.

[42]Flavio Josefo comenta que el carcelero, al ver la diligencia, fidelidad y obediencia de José en los encargos que se le daban, «le aligeró las cadenas, haciendo su calamidad más llevadera, y le acordó una dieta mejor que la del resto de los presos». Josefo, *Antigüedades de los judíos*, vol. 1, p. 64.

[43]Los sucesos del capítulo 36 sucedieron durante y después de este encarcelamiento.

tiempo encarcelado mientras escribía sus mensajes para el rey Joacim».[44] Estando allí, su secretario Baruc escribe en un rollo lo revelado al profeta y lo presenta a los príncipes.

El tercer momento de encarcelamiento se da en tiempos del rey Sedequías. Luego de una falsa acusación contra él (Jer. 37:11-14) es colocado en una cisterna en la cual pasó muchos días (37:16). Por orden del mismo rey es sacado y puesto bajo custodia en el patio de la guardia donde continuó hablándole al pueblo (37:21; 38:2,3).

Pablo

Enviado a Cesarea por Claudio Lisias, Pablo es recibido por Felix, gobernador de Judea, quien le permite al apóstol gozar de una buena medida de libertad (Hch. 24:23). Habiendo apelado para ser juzgado ante el César, es llevado hacia Roma donde le es permitido vivir aparte con un soldado que le custodiaba (28:16). Permaneció en esta casa de alquiler por dos años más donde se le permitió recibir visitas y también predicar el reino de Dios y enseñar del Señor Jesucristo «abiertamente y sin impedimento» (Hch. 28:30, 31, RVR-60).

Elena G. de White

En su visita a Oregón en junio de 1878, la Sra. White visitó la cárcel de Salem en compañía del hno. y la hna. Carter y del hno. Jordan. Se reunieron en la capilla de la cárcel donde se inició el programa; «todos tenían himnarios, y se unieron en el canto de todo corazón. Uno de ellos [un preso] que era un músico consumado, tocó el órgano». Después de haber cantado, la hna. White elevó una oración, se unieron una vez más en un canto y luego se dirigió a los presos exponiendo la Palabra de Dios. Dijo ella: «Al hablar me basé en las palabras de Juan: "Mirad cuál amor nos ha dado el padre, para que seamos llamados hijos de Dios [...]"».[45]

Otra referencia de Elena G. de White relacionada con las cárceles, se encuentra en su viaje a Europa. Si bien es cierto que no se dice explícitamente si

---

[44]Iglesia Adventista del Séptimo Día, *Comentario Bíblico Adventista del Séptimo Día*, tomo 4, p. 464. Ver también: White, *Profetas y reyes*, p. 319.

[45]White, *Notas biográficas de Elena G. de White*, p. 256.
«El ejemplo que dio la Sra. de White en lo que respecta a la obra social como una cuña de entrada para llegar al corazón humano, es muy conocido. Lo que no siempre se comprende es que esa obra en favor de los presos, las viudas, los huérfanos, etc., formaba tanta parte del ministerio que le había sido encomendado como la recepción y la comunicación de la luz y la verdad» (Delafield, *Elena G. de White en Europa*, pp. 354, 355).

ella entró a esa cárcel mencionada, sí expresa sus sentimientos hacia los presos que veía en aquel momento. La cita dice así:

«Mientras estuvo en Holloway, visitó a la familia Marsh. Hacía muchos años que la hna. Marsh guardaba el sábado. Su esposo era guardián en una prisión y la familia vivía al lado del enorme y hostil edificio. "Era realmente triste—observó la Sra. de White apenada—ver a un gran número de prisioneros que efectuaban su media hora de ejercicios entre los tristes muros de la prisión, controlados por guardias a cada paso".»[46]

Creencias adventistas

En la presentación de la creencia sobre «La segunda venida de Cristo» (n.º 25 en el orden actual), se incluye una sección relacionada con las señales del cercano regreso de Cristo. Dentro de ellas, las señales en el mundo religioso son relevantes. Habrá un gran despertar religioso, la predicación del Evangelio se extenderá, y la difusión de Biblias se ampliará grandemente. Al mismo tiempo la decadencia religiosa se dejará ver claramente y el papado resurgirá con más fuerza. Esto último hará que la libertad religiosa «obtenida a gran costo, garantizada por la separación entre la Iglesia y el Estado» se vea erosionada, y finalmente sea abolida.[47]

Manual de iglesia

El departamento de la iglesia local, estipulado por el Manual de Iglesia cuya función principal es promover y mantener la libertad religiosa, con énfasis especial en la libertad de conciencia, es el departamento de Deberes Cívicos y Libertad Religiosa (Public Affairs and Religious Liberty - PARL). Además, la Sociedad de Hombres Adventistas, como órgano auxiliar del departamento de Ministerio Personal le compete aparte de otras responsabilidades, la del ministerio en las prisiones.[48] De esta manera, la iglesia local tiene una directriz y apoyo del manual de iglesia para llevar a cabo un ministerio laico en la/s cárcel/es más cercana/s.[49]

---

[46]D. A. Delafield, *Elena G. de White en Europa*, pp. 354, 355.

[47]Asociación Ministerial de la Asociación General de los Adventistas del Séptimo Día. *Creencias de los Adventistas del Séptimo Día*, p. 384.

[48]Iglesia Adventista del Séptimo Día, *Manual de la Iglesia*, p. 98.

[49]«La libertad religiosa incluye el derecho humano de tener o adoptar la religión que la persona prefiera; cambiar sus creencias religiosas de acuerdo con su conciencia; manifestar la religión individualmente o en la comunidad con otros creyentes, en adoración, observancia, práctica, testimonio y enseñanza, sujeto todo al respeto por los derechos equivalentes de los demás» (*Manual de la Iglesia,* p. 92).

Declaraciones, orientaciones y otros documentos

Al igual que con otros derechos como la vida familiar, la educación, la salud, etc., la IASD promueve y defiende la libertad religiosa de las personas. Algunas declaraciones oficiales de la IASD registradas en «Declaraciones, orientaciones y otros documentos» se relacionan con la libertad religiosa. Éstas serán de gran ayuda para ampliar el conocimiento y para saber cómo enfrentar los desafíos actuales en relación al respeto de este derecho fundamental.[50]

Declaración universal de derechos humanos

Artículo 18º

Art. 18º Toda persona tiene derecho a la libertad de pensamiento, de conciencia y de religión; este derecho incluye la libertad de cambiar de religión o de creencia, así como la libertad de manifestar su religión o su creencia, individual y colectivamente, tanto en público como en privado, por la enseñanza, la práctica, el culto y la observancia.[51]

Constitución de la Nación Argentina

Ya en su versión original (1853) se garantizaba la libertad de religión o de creencias y sus manifestaciones.

Se infiere del artículo 19 la protección de la libertad de conciencia y que «las creencias religiosas están reservadas a Dios y exentas de la autoridad de los magistrados».[52]

Artículo 19.- Las acciones privadas de los hombres que de ningún modo ofendan al orden y a la moral pública, ni perjudiquen a un tercero, están sólo reservadas a Dios, y exentas de la autoridad de los magistrados. Ningún habitante de la Nación será obligado a hacer lo que no manda la ley, ni privado de lo que ella no prohíbe.

Los artículos 14 y 20 conceden a los ciudadanos y extranjeros el derecho de profesar libremente su culto:

Artículo 14.- Todos los habitantes de la Nación gozan de los siguientes derechos conforme a las leyes que reglamenten su ejercicio; a saber: de trabajar y

---

[50]Iglesia Adventista del Séptimo Día - Departamento de Comunicación de la DSA. *Declaraciones, orientaciones y otros documentos*, pp. 58, 78, 80, 90, 95, 100–103, 176, 190–192.

[51]Adopción: 10 de diciembre de 1948.

[52]Bosca y Navarro Floria, *La libertad religiosa en el Derecho argentino*, p. 393.

ejercer toda industria lícita; de navegar y comerciar; de peticionar a las autoridades; de entrar, permanecer, transitar y salir del territorio argentino; de publicar sus ideas por la prensa sin censura previa; de usar y disponer de su propiedad; de asociarse con fines útiles; de profesar libremente su culto; de enseñar y aprender.[53]

Artículo 20.- Los extranjeros gozan en el territorio de la Nación de todos los derechos civiles del ciudadano; pueden ejercer su industria, comercio y profesión; poseer bienes raíces, comprarlos y enajenarlos; navegar los ríos y costas; ejercer libremente su culto; testar y casarse conforme a las leyes. No están obligados a admitir la ciudadanía, ni a pagar contribuciones forzosas extraordinarias. Obtienen nacionalización residiendo dos años continuos en la Nación; pero la autoridad puede acortar este término a favor del que lo solicite, alegando y probando servicios a la República.[54],[55]

Ley N.º 24.660 de 1996. Ejecución de la pena privativa de la libertad[56]

Capítulo I. Principios básicos de la ejecución

Art. 8. Las normas de ejecución serán aplicadas sin establecer discriminación o distingo alguno en razón de raza, sexo, idioma, religión, ideología, condición social o cualquier otra circunstancia. Las únicas diferencias obedecerán al tratamiento individualizado.

Capítulo IV. Disciplina

El **Art. 87** describe las diferentes correcciones que puede recibir un preso de acuerdo a la infracción cometida. Sin embargo, el artículo termina citando lo siguiente: «La ejecución de las sanciones no implicará la suspensión total del derecho a visita y correspondencia de un familiar directo o allegado del interno, en caso de no contar con aquél».

Art. 88. El sancionado con la corrección de permanencia en su alojamiento habitual no será eximido de trabajar. Se le facilitará material de lectura. Será visitado diariamente por un miembro del personal superior del establecimiento, por el capellán o ministro de culto reconocido por el Estado nacional cuando lo

---

[53]El énfasis es nuestro.
[54]El énfasis es nuestro.
[55]*Constitución de la Nación Argentina*, 1994.
[56]Sancionada en junio y promulgada en julio de 1996.

solicite, por un educador y por el médico. Este último informará por escrito a la dirección, si la sanción debe suspenderse o atenuarse por razones de salud.

Capítulo X. Asistencia espiritual

Vale la pena colocar aquí los cinco artículos correspondientes a la asistencia espiritual del preso:

Art. 153. El interno tiene derecho a que se respete y garantice su libertad de conciencia y de religión, se facilite la atención espiritual que requiera y el oportuno contacto personal y por otros medios autorizados con un representante del credo que profese, reconocido e inscrito en el Registro Nacional de Cultos. Ninguna sanción disciplinaria podrá suspender el ejercicio de este derecho.

Art. 154. El interno será autorizado, en la medida de lo posible, a satisfacer las exigencias de su vida religiosa, participando de ceremonias litúrgicas y a tener consigo objetos, libros de piedad, de moral e instrucción de su credo, para su uso personal.

Art. 155. En cada establecimiento se habilitará un local adecuado para celebraciones litúrgicas, reuniones y otros actos religiosos de los diversos cultos reconocidos.

Art. 156. En todo establecimiento penitenciario se celebrará el culto católico, en forma adecuada a las posibilidades edilicias de que disponga. La concurrencia a estos actos será absolutamente voluntaria.

Art. 157. Los capellanes de los establecimientos tendrán a su cargo la instrucción religiosa y moral y la orientación espiritual de los internos, incluso de los no católicos que la aceptaren.

Capítulo XI. Relaciones familiares y sociales

Art. 165. La enfermedad o accidentes graves o el fallecimiento del interno, será comunicado inmediatamente a su familia, allegados o persona indicada previamente por aquél, al representante de su credo religioso y al juez de ejecución o juez competente.

Capítulo XV. Establecimientos de ejecución de la pena

Art. 177. Cada establecimiento de ejecución tendrá su propio reglamento interno, basado en esta ley, en su destino específico y en las necesidades del tratamiento individualizado que deban recibir los alojados. Contemplará una racional distribución del tiempo diario que garantice la coordinación de los medios de tratamiento que en cada caso deban utilizarse, en particular la enseñanza en los niveles obligatorios, la atención de las necesidades físicas y espirituales y las actividades laborales, familiares, sociales, culturales y recreativas de los internos, asegurando ocho horas para el reposo nocturno y un día de descanso semanal.

Decreto N.º 1136/1997[57]

Anexo A. Reglamento de comunicación de los internos

Art. 36. Considéranse allegados a aquellas personas que tienen parentesco espiritual, amistad, trato o confianza con el interno. La admisión de estas personas estará precedida de un informe a cargo del Servicio Social.

Art. 98. El interno tiene derecho a recibir asistencia espiritual mediante la visita de miembros de la Iglesia Católica Apostólica Romana, si ésta fuere su religión, o de representantes del credo que profese, reconocido e inscripto en el Registro Nacional de Cultos. Ninguna sanción disciplinaria podrá suspender el ejercicio de este derecho.

Art. 99. Para acceder a la visita se deberá acreditar la identidad y el carácter que se invoca mediante:

a) Comprobante extendido por la correspondiente autoridad eclesiástica para los miembros de la religión Católica Apostólica Romana;

b) Comprobante extendido por el MINISTERIO DE RELACIONES EXTERIORES, COMERCIO INTERNACIONAL Y CULTO para los representantes de otros credos.

Art. 100. Estas visitas tendrán una frecuencia semanal de DOS (2) horas de duración.

La Ley No 24.660 de 1996, lo mismo que los Decretos No 303/1996 de 1997, el No 18/1997 de 1997 y el No 1.136/1997 de 1997 como disposiciones jurídicas relativas a los detenidos, «prevén que ninguna discriminación, especialmente por motivos religiosos, deberá afectar la aplicación de la pena de privación de libertad. Reconocen igualmente el derecho de cada detenido a la libertad de religión o de conciencia, a reunirse con representantes del credo que profese (reconocido e inscrito en el Registro Nacional de Cultos) y siempre que sea posi-

---

[57]Nota del decreto: «El presente Decreto aprueba el Reglamento de comunicaciones de los internos, que a su vez reglamenta el Capítulo XI - "Relaciones Familiares y Sociales" (arts. 158/167) - de la Ley 24.660 de Ejecución de la pena privativa de la libertad, sancionada el 19 de junio de 1996 (BO. 16.07.1996)». Véase «Derecho Penal»: http://www.calir.org.ar/legis.htm

ble, a manifestar su religión y sus convicciones (exigencias de la vida religiosa, ceremonias religiosas, objetivos religiosos)».[58]

Normas internacionales con jerarquía constitucional

Dentro de las normas internacionales se hallan convenios, pactos y declaraciones.[59] Una de ellas es el la *Declaración americana de los derechos y deberes del hombre* aprobada el 2 de mayo de 1948.[60] Tres de sus artículos resaltan el derecho a la libertad religiosa y de cultos:

Derecho de igualdad ante la Ley

Art. II. Todas las personas son iguales ante la Ley y tienen los derechos y deberes consagrados en esta declaración sin distinción de raza, sexo, idioma, credo ni otra alguna.

Derecho de libertad religiosa y de culto

Art. III. Toda persona tiene el derecho de profesar libremente una creencia religiosa y de manifestarla y practicarla en público y en privado.

Derecho de asociación

Art. XXII. Toda persona tiene el derecho de asociarse con otras para promover, ejercer y proteger sus intereses legítimos de orden político, económico, religioso, social, cultural, profesional, sindical o de cualquier otro orden.

Consejo Argentino para Libertad Religiosa (CALIR)

Los miembros[61] del Consejo Argentino para Libertad Religiosa (CALIR), «coinciden en considerar los valores religiosos como el fundamento de cualquier convivencia entre los hombres, partiendo de que ellos señalan la condición propia de la dignidad humana».[62] Y frente a la necesidad de una nueva ley de cultos, Ricardo Docampo menciona que dicha reforma debería reconocer a las iglesias y comunidades religiosas algunos derechos dentro de los cuales el numeral 15 di-

---

[58]Bosca, *La libertad religiosa en la Argentina*, p. 192.

[59]Con jerarquía constitucional (reforma de 1994) figuran también: la *Convención internacional sobre la eliminación de todas las formas de discriminación racial* (ONU), la *Declaración universal de los Derechos Humanos* (ONU) y la *Convención americana sobre Derechos Humanos* (Pacto de San José de Costa Rica) entre otros.

[60]La *Declaración* fue aprobada por la Novena Conferencia Internacional Americana celebrada en Santa Fe de Bogotá, Colombia.

[61]Expertos en libertad religiosa y pertenecientes a distintas confesiones y tradiciones religiosas, sin representarlas institucionalmente.

[62]Bosca, *La libertad religiosa en la Argentina*, p. 13.

ce: «al libre acceso para sus ministros a las cárceles, hospitales, asilos y cuarteles para brindar asistencia espiritual regular a las personas que desean recibirla».[63]

También hace mención de que esta reforma pueda garantizar «una mayor igualdad de cultos permitiendo, por caso, que no solo la Iglesia Católica pueda contar con capellanes en hospitales y cárceles».[64]

Enlaces de interés

Reporte Mundial de Libertad Religiosa 2015 (IASD)
http://www.irla.org/world-report-2015.pdf

Consejo Argentino para la Libertad Religiosa (CALIR)
http://www.calir.org.ar

La libertad religiosa en la Argentina: aportes para una legislación. 2003
http://www.calir.org.ar/libros.htm

La libertad religiosa en el Derecho argentino. 2007
http://www.calir.org.ar/libros.htm

Normativa nacional vinculada al factor religioso y/o en general aquella referida a la libertad religiosa y de conciencia. (CD completo)
http://www.calir.org.ar/legis.htm

Procuración Penitenciaria de la Nación. Ley 24.660. Ejecución de la Pena Privativa de Libertad
http://www.ppn.gov.ar/?q=node/243

Registro Nacional de Cultos del Ministerio de Relaciones Exteriores y Culto
https://www.mrecic.gov.ar/es/registro-nacional-de-cultos

---

[63]Bosca y Navarro Floria, *La libertad religiosa en el Derecho argentino*, p. 397.
[64]*Idem*, p. 406. Ricardo Docampo cita estas palabras del Dr. Ángel Centeno, quien fue tres veces secretario de Culto de la Nación y fundador y expresidente del Consejo Argentino para la Libertad Religiosa (CALIR).

Capítulo 6

Sugerencias prácticas generales

Se encuentra escaso material que sirva como herramienta práctica y brinde lineamientos que ayuden y orienten un ministerio carcelario haciéndolo sistemático, organizado y eficaz. Por lo anterior, nacen las siguientes sugerencias, principalmente de la práctica de un grupo de personas con experiencia en actividades de servicio en cárceles colombianas y de las respuestas a una encuesta realizada a miembros de la IASD en el Área Metropolitana del Valle de Aburrá (Antioquia).

El orden presentado de las siguientes sugerencias responde al número de repeticiones en las respuestas de la encuesta y de la entrevista al grupo focal (personas con experiencia).

¿Qué herramientas de apoyo le gustaría que la iglesia desarrollara para la evangelización en las cárceles?

1. Seminarios
2. Material audiovisual
3. Instrucción personalizada
4. Cursos
5. Manuales
6. Capacitación
7. Revistas

8. Campañas evangelistas dentro de la cárcel

9. Folletos

10. Actividades lúdicas y cristianas

11. Ministerio musical

12. Talleres

¿Qué estrategias propone para implementar y desarrollar un ministerio carcelario organizado de la IASD?

1. Un pastor dedicado exclusivamente al ministerio carcelario.

2. Orientación y capacitación a la iglesia.

3. Un departamento encargado en cada iglesia para este ministerio.

4. Formar grupos organizados para la visitación.

5. Integrar grupos de apoyo interdisciplinario (psicólogos, orientadores, pastores, etc.).

6. Publicar videos motivadores de testimonios reales.

7. Recolectar y repartir organizadamente donaciones.

8. Trabajar por la formación integral de los presos y sus familias (cursos de manualidades, capacitaciones, evangelización, talleres, seminarios, etc.).

9. Solicitar permisos oficiales y permanentes para hacer la obra misionera en las cárceles.

10. Involucrar a los departamentos de la iglesia a participar del ministerio carcelario (Clubes, Min. de la mujer, Min. Infantil, Depto. de música, Dorcas, Diáconos, etc.).

11. Donar Biblias y literatura especial para este ministerio.

12. Involucrarse en un ministerio de oración intercesora.

13. Diseñar y dirigir encuestas específicas a presos para identificar necesidades.

14. Brindar capacitaciones en salud preventiva.

15. Asesorarse y aprender de otros ministerios de más experiencia (ministerios adventistas y no adventistas).

Actividades sugerentes para la formación de un grupo organizado dentro de la cárcel

1. Toda persona que visita un centro penitenciario o carcelario es solicitado y autorizado por el mismo preso. De esta manera, el visitante ya tiene un conocido para visitar, el cual se convierte en el contacto para relacionarse con otros presos.

2. La celda del preso a quien se visita puede convertirse en el primer lugar de reunión (si es que no hay un lugar disponible para las reuniones), mientras se conocen las instalaciones que posee el lugar y se familiariza con otros presos. Regularmente cada patio tiene uno o varios salones donde es posible reunirse solicitando el permiso correspondiente.

3. Es muy importante que desde un principio las reuniones comiencen a tener una estructura donde se refleje un servicio de adoración organizado, respetuoso, y a la vez con un ambiente agradable y abierto para que los presos se sientan libres de participar.

4. Las siguientes actividades de reunión son un modelo sugerente realizado en la cárcel de Bellavista (patio 16) los días sábados en horario de visita.[65]

- Invitación a los presos al salón de reunión cuyas actividades comenzaban a medio día (las invitaciones se pueden hacer personalmente o por medio de volantes).

- Ya en el lugar de reunión, se crea un momento de ambientación, puede ser por medio de cantos y/o actividades, dinámicas, etc.; esto también sirve para dar cierta espera a aquellos que desean asistir.

- Se realiza un momento de oración, en el cuál es muy importante involucrar a los presos. Se pueden hacer grupos de oración distribuyendo peticiones y agradecimientos específicos. Para el preso es muy valioso e importante que se tengan en cuenta sus peticiones.

- El ideal es que la reunión tenga momentos participativos. El momento de testimonios es ideal para lograr este objetivo. Pueden iniciar los mismos hermanos visitantes para poder «romper el hielo».

- Se hace una oración y se presenta al expositor del tema (es bueno variar de expositores, así se evita la monotonía y se motiva la participación de los voluntarios).[66] Los temas deben ser seleccionados con anticipación, bien prepara-

---

[65]Estas actividades se realizaron los años 2010-2012 en la cárcel de Bellavista (Medellín, Colombia).

[66]Ver capítulos 3 y 8 de esta obra para conocer la preparación personal y espiritual del voluntario y la presenta-

dos, cristocéntricos y con una secuencia lógica y progresiva. Se debe tener prudencia para no generar polémica o divisiones, recordando el lugar donde se encuentra y su contexto.

- Terminado el tema, se invita a los asistentes a participar de una comida que ha sido donada por diferentes personas de la iglesia. Este es un espacio social, muy especial para afianzar lazos de amistad.

- En la población carcelaria es muy común encontrar procesados y condenados en un mismo lugar y muchos de ellos pueden ser trasladados de un momento a otro. Por esta misma razón es vital llevar un seguimiento de aquellos que asisten al grupo de oración y de los interesados en estudios bíblicos. También es necesario recolectar datos de familiares o amigos que deseen ser visitados o contactados con el visto bueno del preso (ver Anexos).

Es preciso que sean considerados los demás capítulos de este manual, ya que todos interactúan entre sí.

- Se debe tener empatía con los presos, no obstante, es necesario mantener algunos límites, ya que se desconocen muchos aspectos de la vida de cada uno de los ellos. Es frecuente encontrar tres clases de «amigos» en estos lugares, los cuales pueden ser:

— Aquellos que buscarán la cercanía del visitante para que le realicen favores (depósitos, compras, llevar cosas, recibir ropa, elementos de aseo, comida, etc.).

— Aquellos que buscan obtener favores pero a la vez muestran interés sincero en querer cambiar y buscar de Dios.

— Y finalmente, aquellos que brindan una amistad sincera y franca, que verdaderamente quieren cambiar su vida pasada, desean conocer a Dios, obtener su perdón y misericordia. Desean recibir una amistad cristiana sincera y vivir una experiencia transformadora con Cristo.

¿Cómo saber quién es quién en este ambiente tan particular? Para esto se necesita de mucha oración. No sólo para que los ángeles asistan a los voluntarios y los protejan, sino también para tener discernimiento de cada situación. El que sondea el corazón conoce cada capítulo de la vida del preso. Por tal razón, el voluntario necesita cooperar con el Señor para llevar a cabo un ministerio efectivo actuando con prudencia, tacto, cortesía, bondad y amor.

---

ción adecuada de las Escrituras.

En su ministerio, Jesús enseñó que a nadie rechazó. Él dijo: «Al que viene a mí, nunca lo echo fuera».[67] Las parábolas de la oveja y la moneda perdidas y el hijo pródigo dejan claro que hay gran gozo en el cielo cuando un pecador se arrepiente. Debemos abrir el corazón del evangelio a todos por igual. Sin embargo, viendo cómo la maldad aumenta cada día, los hijos de Dios deben ser amorosos pero también cautos. Jesús instruyó a sus seguidores en cuanto a esto: «Os envío como ovejas entre lobos. Sed prudentes como serpientes, y sencillos como palomas».[68] Debemos entonces actuar con un trato suave y no áspero, pero a la vez estar alertas y actuar con rapidez cuando se presentan dificultades y peligros. La cautela es lo que Jesús recomienda que se imite de la serpiente, y de la paloma, la pureza y la sencillez.

---

[67]Juan 6:37.
[68]Mateo 10:16.

Capítulo 7

Programa educativo

La educación de las personas privadas de su libertad debe procurar hacer de ellos personas útiles para sus familias, la sociedad y para Dios. La verdadera educación «significa más que una preparación para la vida actual. Abarca todo el ser, y todo el período de la existencia accesible al hombre. Es el desarrollo armonioso de las facultades físicas, mentales y espirituales. Prepara al estudiante para el gozo de servir en este mundo, y para un gozo superior proporcionado por un servicio más amplio en el mundo venidero».[69]

El objetivo de la verdadera educación consiste en la restauración de la imagen de Dios en el hombre, y para esto, «las Sagradas Escrituras son la norma perfecta de verdad y se le debería dar el primer lugar en la educación».[70] Dios, es la inagotable Fuente de sabiduría (Prov 2:6) y todo el que acude a él, no será rechazado (Jn 6:37) sino que encontrará en su Hijo Jesús: el camino, la verdad y la vida eterna (Jn 5:39; 10: 28; 14:6).

Los siguientes son algunos proyectos educativos sugerentes, los cuales reflejan la manera como se pueden presentar proyectos sociales a una Institución penitenciaria.[71] Sin embargo, se pueden adaptar a las condiciones de cada institución penitenciaria y también agregar otros proyectos educativos que enri-

---

[69]White, *La educación*, p. 13.

[70]*Ibídem.*

[71]Los ejemplos 1 y 2, fueron proyectos diseñados y presentados por el Departamento de Comunicaciones y Proyección Social de la Corporación Universitaria Adventista (UNAC) a la cárcel de Bellavista en Medellín, Colombia, en el año 2011.

quezcan a los internos y los doten de más habilidades y destrezas para que puedan ser más útiles para Dios y su prójimo.

Ejemplo 1: Seminario proyecto de vida

Objetivo:

Sensibilizar a cada individuo sobre su propia responsabilidad en la construcción del futuro deseado y ayudarles a desarrollar una visión, unos objetivos para su propia vida y una percepción de la vida en sociedad y sus corresponsabilidades.

Intensidad semanal:

Planificar las fechas y horarios correspondientes

Metodología:

Actividades reflexivas que aseguren el entendimiento del proceso recorrido y los conceptos claves.

Contenido:

Debería incluir temáticas como: ¿Quién soy yo?; autoestima y desarrollo personal; misión-visión; fracasos & fracasados; éxito: esfuerzo más trabajo; comunicación asertiva; restablecimiento de relaciones y estilos de vida, entre otros.

Estructura clase:

Puede seguirse el siguiente bosquejo:

Introducción

Teoría

Apropiación de la teoría

Taller - (El hacer)

Perla espiritual

Instructores:

Personas conocedoras en el tema y que tengan habilidades suficientes para transmitirlo de forma sencilla, práctica y a la vez profunda.

Certificación:

Se puede otorgar alguna certificación, reconocimiento o distinción a aquellos que cumplan con los requisitos de asistencia y participación activa en cada uno de los talleres a desarrollar.

Aspectos logísticos:

Especificar los medios que serán necesarios para el desarrollo del seminario. Ejemplo: disposición de salón, video-proyector, computador, material escrito, bolígrafos, etc.

Ejemplo 2: Plan Bondad

Si se dispone de más recursos (instructores, tiempo, materiales, equipos), se puede encarar un proyecto más amplio, incluyendo otros talleres y cursos.

1.   SEMINARIO PROYECTO DE VIDA

(Ver página 52)

2.   TALLERES DE ORACIÓN Y VIDA

Objetivo:

Llevar mensajes de vida y esperanza, desde el componente espiritual, al personal que se encuentra en el sistema carcelario con el propósito de mostrarles una forma de vida ajustada a los principios cristianos de convivencia y desarrollo social.

Intensidad semanal:

Fechas y horarios

Metodología:

Puede seguirse el siguiente bosquejo:

- Exposición temática
- Dinámicas Colectivas
- Foros
- Test evaluativos y reflexivos

Contenido:

Pueden incluirse además de los siguientes tres seminarios, otros que correspondan al objetivo de los talleres de «Oración y Vida»:

1. Curso La fe de Jesús:

Curso de doctrina cristiana el cual contiene una presentación de las verdades esenciales del cristianismo. Su sencillez permitirá que se capte fácilmente las maravillosas doctrinas de la Biblia. El curso será presentado en clases colectivas o particulares.

Medios: cartilla de apoyo

2. Curso bíblico Camino al hogar (familia):

Hay dificultades en el hogar: Falta de comunicación, enfrentamiento con los hijos, conflictos conyugales, enfermedades, hay complicaciones entre vecinos, y la sociedad se muestra cada vez más desorientada. Esto provoca desaliento y depresión en mucha gente. En el curso bíblico «Camino al hogar» se encontrará cómo hacer del hogar un remanso de paz en medio de la tormenta aplicando los principios infalibles de la palabra de Dios.

Medios: Talleres, revistas de apoyo.

3. Programa Navidad Feliz:

Temas de estudio y actividades con relación a los temas de la navidad. «Para recordar juntos la historia del niño cuya vida devolvió la alegría a la humanidad»

Medios: Audiovisual, folletos.

Instructores:

Presentar la lista de personas que guiarán los seminarios

Recursos disponibles:

- Disposición de un salón
- Biblias
- Concordancias bíblicas
- Series de estudios bíblicos
- Libros de ilustraciones
- Marcadores para pizarra blanca (o tizas) y borradores, y lápices
- Materiales de apoyo continuado para los asistentes

Certificación:

Cada curso será certificado, siempre y cuando se cumpla con los requisitos de asistencia y la culminación de los estudios de cada curso

3. CURSO MANEJO ASERTIVO DE LAS EMOCIONES

«La armonía interior es el privilegio de aquellos cuyos impulsos son tales que puede hallar salidas constructivas más que destructivas»

Bertrand Russell

Objetivo:

Dar a los participantes la posibilidad de analizar desde una óptica objetiva la importancia del manejo intencionado de las emociones y otorgar herramientas básicas para el autodireccionamiento de las mismas.

Intensidad semanal:

Fechas y horarios

Metodología:

Taller reflexivo. Esta metodología permite construir juntos propuestas, experiencias y respuestas sobre un tema.

Contenido:

Pueden incluirse los siguientes temas:

- Entendiendo el problema de las emociones
- Emociones primarias y secundarias
- Cómo vivir sin la carga del pasado y la amenaza del futuro
- Cómo aligerar la carga del pasado: la magia del perdón
- Enseñanzas sobre el miedo y la ansiedad
- Enseñanzas sobre la tristeza y la depresión
- Enseñanza sobre la ira y el resentimiento
- Enseñanza sobre la alegría y la alteración de placer
- Enseñanza sobre el amor y el apego

Instructores:

El programa puede ser ofrecido por profesionales en áreas humanísticas o que tengan experiencia en el tema.

4.   MENTALIDAD EMPRENDEDORA

Objetivo:

Ofrecer a los participantes las herramientas básicas necesarias para organizar una propuesta productiva que les provea su propia fuente de ingresos, una vez se reintegren a la vida cotidiana.

Intensidad semanal:

Fechas y horarios

Metodología:

Puede seguirse el siguiente bosquejo:

- Exposición
- Actividades de aplicación del conocimiento
- Talleres

Contenido:

Módulo 1.

- Introducción al emprendimiento empresarial
- Qué son las empresas y quiénes son los empresarios
- En la mente y el pensamiento del empresario

  Módulo 2.

- Identificación de ideas de negocio
- El proceso creativo en la generación de ideas empresariales

  Módulo 3.

- Elaboración de planes de negocio

  Módulo 4.

- Gestión de empresa

Instructores:

El programa puede ser ofrecido por profesionales en el área de administración o que tengan experiencia en la creación de empresas.

5. 								ABC INFORMÁTICO

Objetivo:

Capacitar en el manejo básico del computador y Ofimática (Word, Power-Point y Excel)

Intensidad:

Fechas y horarios

Metodología:

Puede contemplar entre otros temas los siguientes:

* Actividades lúdicas
* Actividades de fundamentación teórica
* Actividades de interacción grupal

Contenidos:

1. Novedades de Windows

* Conceptos Básicos
* El Escritorio
* El explorador de Windows
* Configuración Panel de Control

2. Word

* Elementos Básicos
* Formato de carácter y párrafo
* Tablas
* Impresión

3. PowerPoint

* Conceptos básicos
* Crear, Guardar y Abrir una presentación
* Tipos de vistas
* Manejar gráficos y objetos

4. Excel

* Introducción a Excel
* Fórmulas y funciones

- Formato de celdas
- Gráficos
- impresión

Instructores:

El programa debe ser ofrecido por profesionales en el área de informática o que tengan experiencia en el manejo del computador y programas básicos como los paquetes ofimática.

6. TALLER DE ORTOGRAFÍA

Objetivo:

A través de este curso los participantes aprenderán a hacer uso correcto de las palabras y letras, los acentos, las mayúsculas y minúsculas. Lograrán comprender las reglas fundamentales y hacer de ellas una consulta permanente. Aprenderán también a redactar de manera sencilla y correlacionada textos que sean comprensibles.

Intensidad semanal:

Fechas y horarios

Metodología:

Puede seguirse el siguiente modelo:

- Exposición
- Ejemplificación
- Lluvia de ideas
- Trabajos en grupo

Contenidos:

Unidad 1: El acento

- Lenguaje oral y escrito
- La palabra y su división en sílabas
- Clases de palabras
- Reglas generales del uso de la tilde
- La tilde diacrítica
- Casos especiales de acentuación

Unidad 2: Ortografía actualizada

- Formas de escribir los números
- Cómo escribir fechas y símbolos
- Dudas del lenguaje

Unidad 3: Uso de los signos de puntuación

- Los signos de puntuación
- El uso de las mayúsculas

Unidad 4: La clasificación de textos

- Textos literarios
- Textos científicos
- Textos informativos

Instructores:

El programa debe ser ofrecido por docentes en educación o por personas que tengan experiencia en el tema.

7. PLAN DE CINCO DÍAS PARA DEJAR DE FUMAR

Objetivo:

Ofrecer un curso-taller para aquellas personas adictas al consumo de cigarrillo con el fin de adoptar nuevos hábitos y así, al finalizar los cinco días puedan comenzar a superar su adicción.

El curso también se dirige al personal administrativo y operativo del sistema penitenciario.

Intensidad semanal:

Organizar fechas y horarios. Una vez terminada la capacitación se harán reuniones de seguimiento previamente programadas.

Metodología:

A través de charlas magistrales por un grupo interdisciplinario

Contenidos:

- Día 1: He decidido dejar de fumar
- Día 2: Me propongo no fumar hoy
- Día 3: Estoy decidido a no fumar nunca más

- Día 4: El mayor poder a disposición del hombre
- Día 5: Soy más fuerte que el vicio

Instructores:

Puede ser dirigido por un profesional en la salud o por una persona con experiencia en el tema.

8.　　　　　　　　CURSO SALVA-CORAZONES

Objetivo:

Por medio de este curso, los participantes recibirán la instrucción básica de cómo dar la primera respuesta en primeros auxilios a cualquier persona que lo requiera, con el objetivo de garantizar la vida de la persona mientras llega el personal médico especializado para atender la situación.

Intensidad semanal:

Fechas y horarios

Metodología:

Curso que trabaja en simultáneo la teoría y la practica con el apoyo de simuladores.

Contenidos:
- Aspectos básicos de los primeros auxilios
- Asfixia en adultos y niños
- Emergencias médicas
- Emergencias por lesiones
- Emergencias medioambientales
- RCP (Reanimación Cardio-Pulmonar) en adultos y niños
- Mascarilla en Adultos y Niños
- RCP en lactantes
- Mascarilla lactantes
- Asfixia en lactantes
- Evaluación del curso

Instructores:

Debe ser dirigido por personal profesional en la salud

Ejemplo 3

Además de los anteriores cursos y seminarios, se pueden ofrecer otros proyectos educativos los cuales deben presentarse debidamente ante las autoridades competentes y llevarlos a cabo siguiendo las órdenes y recomendaciones oficiales. Algunos ejemplos pueden ser:

- Taller de panadería
- Taller de carpintería
- Curso de huerta orgánica
- Curso para aprender algún idioma extranjero
- Curso básico de confección y costura
- Curso-taller de preparación de alimentos saludables
- Curso de economía y finanzas
- Curso de dibujo y pintura
- Seminario de cómo formar hijos triunfadores
- Seminario de educación sexual cristiana
- Curso de reglas de etiqueta y buenos modales
- Curso de alfabetización
- Curso de música (formación de coros, entonación, lectura de pentagrama etc)
- Curso de manualidades (cerámica, origami, reciclaje, etc)
- Curso de deportes
- Curso de interpretación bíblica
- Taller de posturas correctas (ergonomía)
- Plan lector (lectura, comprensión, reflexión, análisis, interpretación, síntesis etc)
- Curso de aprendizaje del lenguaje para sordomudos
- Curso básico de encuadernación
- Curso de ecología y cuidado del medio ambiente
- Curso de geografía y turismo

Capítulo 8

La Biblia y el preso

L a Biblia debe ser el principal manual del obrero voluntario en un ministerio carcelario. Los desafíos que enfrentará deberán ser sometidos primeramente a un «Así dice Jehová». El éxito en este ministerio no depende de los talentos, habilidades o capacidades que el voluntario posea, sino más bien del poder de la Palabra de Dios. Debe adquirirse un estudio diligente y diario de las Escrituras antes de emprender la obra con los presos. El trabajo en grupo, bien organizado, disciplinado y espiritualmente fuerte será grandemente bendecido por Dios ya que su compañía es lo que permite el éxito en esta obra, «Porque donde están dos o tres congregados en mi nombre, allí estoy yo en medio de ellos» (Mat 18:20, RVR-60).

El poder del evangelio presentado por medio de las Escrituras y por una vida piadosa de cada voluntario, servirá como «llave» para que muchos corazones de hombres y mujeres detrás de las rejas, obtengan la verdadera libertad, la pronunciada por el mismo Hijo de Dios «Así que, si el Hijo os libertare, seréis verdaderamente libres» (Jn 8:36, RVR-60).

La siguiente ilustración destaca el gran valor que cada persona detrás de las rejas tiene a la vista de Dios: La cárcel es como un cofre, dentro de éste hay oro, plata y joyas preciosas. El cofre en que estos tesoros están es bastante raro y no es realmente muy apreciado. Está rodeado por alambre de púas, cercas electrizadas y torres de guardia armadas. Pero dentro de él, hay un gran tesoro, están... los hombres y mujeres, preciosos a la vista de Dios que están esperando por usted».[72]

«Presos y cárceles» no es un tema anónimo en los relatos bíblicos. Por el contrario, se despliega a lo largo de toda la Biblia como una situación real desarrollada en diferentes contextos históricos y culturales. Entre la historia de José en Egipto en el Génesis y Juan el apóstol en la isla de Patmos escribiendo el Apocalipsis, se hallan insertos diversos casos de personas que enfrentaron la difícil situación de la privación de su libertad. Este será un tema que brindará al estudiante y creyente en la Biblia, un conocimiento básico de principios esenciales para proceder en favor de la restauración de aquellos que se encuentran privados de su libertad.

Con un fin práctico, y para apreciar este panorama bíblico de manera más amplia y clara, se han colocado los diversos casos en una tabla. Para los presos se distinguen las categorías de «inocente» y «culpable» y para los que les asistieron, acompañaron o atendieron de alguna manera, las categorías son «creyente» y «pagano». Cabe aclarar que los casos bíblicos expuestos y las categorías propuestas obedece básicamente a dos razones: 1) El contexto de cada caso, el cual muestra un determinado lugar llamado cárcel o prisión, excluyendo así aquellos textos usados de manera metafórica. 2) La terminología hebrea y griega usada para cárcel o prisión, como lugar de encierro o confinamiento literal de las personas. Por lo tanto, se omitieron casos de esclavitud o de cautiverio.

Los siguientes textos bíblicos son por excelencia exhortaciones al servicio y atención de los privados de su libertad:

1. Palabras de Jesús: Estuve «en la cárcel, y vinisteis a mí» (Mat 25:31-46, RVR-60).

2. El apóstol Pablo escribiendo desde la prisión en Roma dice a la iglesia de Colosas: «Acordaos de mis prisiones» (Col 4:18, RVR-60).

3. El mismo apóstol exhorta: «Acordaos de los presos, como si estuvierais presos juntamente con ellos; y de los maltratados, como que también vosotros mismos estáis en el cuerpo» (Heb 13:3, RVR-60).

---

[72]Harvestime International Institute, *Vinisteis a mí*, p. 4.

PRESOS INOCENTES	SERVIDORES		TEXTOS
José	Carcelero	Pagano	Gn 39:21-23
	Copero jefe	Pagano	Gn 40:14, 23; 41:9
	Faraón	Pagano	Gn 41:14, 37-46
Copero jefe	José	Creyente	Gn 40:4-7
	Faraón	Pagano	Gn 40:20-23
Micaías	--	--	1 R 22:8,27,28
Hananí	--	--	2 Cr 16:7-14
Jeremías	Príncipes de Judá y ancianos	Creyente	Jer 26:16-23
	Ahicám, hijo de Safán. Príncipe de Judá	Creyente	Jer 26:24
	Baruc. Escriba y estrecho colaborador del profeta. Un amigo fiel	Creyente	Jer 32:6-16, 43, 44; 36:1-32; 43:1-7, PR 319
	Hanamel, hijo de Salum. Primo de Jeremías	Creyente	Jer 32:7-11
	Ebed Mélec, eunuco etíope, siervo del rey Sedequías	Pagano	Jer 38:7-13
	Nabucodonosor, rey de Babilonia	Pagano	Jer 39:11, 12
	Nabuzaradán, capitán de la guardia de Nabucodonosor	Pagano	Jer 40:1-5
Juan el Bautista	Discípulos de Juan	Creyente	Mt 11:2-6; Lc 7:18-23
Jesús	Madre de Jesús, hermana de ella, esposa de Cleofas, María Magdalena, Juan y muchas otras mujeres	Creyente	Mr 15:41; Lc 23:27; Jn 19:25, 26

PRESOS INOCENTES	SERVIDORES		TEXTOS
	Simón cireneo	Creyente	Mt 27:32; Mr 15:21; Lc 23:26
	Ladrón arrepentido	Creyente	Lc 23:40-43; DTG 697
Pedro y Juan	--	--	Hch 4:1-3,21-23
Apóstoles	--	--	Hch 5:12, 18-23
Pedro	Iglesia orando	Creyente	Hch 12:5
Pablo y Silas	Carcelero romano (Filipos)	Pagano	Hch 16:23-40
Pablo	Sobrino de Pablo	Creyente	Hch 23:16-22
	Visita de amigos, solidaridad	Creyente	Hch 28:16-31
	Compañeros de prisión y colaboradores: Lucas, Andrónico, Junias, Aristarco, Marcos, Timoteo, Onésimo y Epafras	Creyente	Hch 27:2; Ro 16:7; Col 4:10, 11; Fil 1, 23, 24
	Félix, gobernador de Judea	Pagano	Hch 24:23
	Julio, centurión romano de la compañía Augusta	Pagano	Hch 27:3, 43; 28:16
Pablo y la tripulación náufraga	Habitantes de Malta	Pagano	Hch 28:1-10
Juan	--	--	Hch 4:3,21; 5:18,40; Ap 1:9

PRESOS CULPABLES	SERVIDORES		TEXTOS
Panadero jefe	José	Creyente	Gn 40:4-7
Hermanos de José	José	Creyente	Gn 42:9,17,24; 45:1,5-7
Simeón	Jacob	Creyente	Gn 43:14
Hombre blasfemo	--	--	Lv 24:10-16
Transgresor del sábado	--	--	Nm 15:32-36
Sansón	Joven	Pagano	Jue 16:26
Oseas	--	--	2 R 17:2-6
Manasés	Asurbanipal repuso a Manasés en su trono	Pagano	2 R 21:2; 2 Cr 33:9-13 (CBA)
Joacáz	--	--	2 R 23:32,33
Joaquín	Evil Merodac, rey de Babilona (hijo y sucesor de Nabucodonosor)	Pagano	2 R 25:27-30, Jer 52:31-34
Sedequías	--	--	2 R 25:7, Jer 52:2, 9-11
Barrabás	--	--	Mt 27:15,26; Mr 15:7,15; Lc 23:19,25; Jn 18:40; Hch 3:14
Presos en la cárcel de Filipos	Pablo y Silas	Creyente	Hch 16:25

Capítulo 9

Conociendo al preso

Es necesario comprender que la cárcel crea en el preso diversos efectos psicológicos dados por el ambiente en que vive, el proceso de adaptación, el distanciamiento de la familia, la personalidad del preso, el tiempo que pasará privado de su libertad y otros factores más.

Impacto por la situación de encarcelamiento

Se han realizado algunos estudios acerca de los efectos del proceso de prisionalización en el recluso, entre ellos un estudio sobre las repercusiones del encarcelamiento sobre las familias. Los siguientes son algunos efectos psicológicos mencionados en este estudio.[73]

Alteraciones en la imagen de sí mismo/a

Devaluación de la autoimagen, disminución de la autoestima, incremento del egocentrismo y autoaislamiento.

Alteraciones en la capacidad volitiva y autonomía personal

Creación de un estado de dependencia (disminución de la autodeterminación y la autonomía), pérdida de sentido de la responsabilidad, incapacidad para organizar autónomamente su vida.

---

[73]Observatori del Sistema Penal I Els Drets Humans, *La cárcel en el entorno familiar,* pp. 108, 109 (citando a García-Bores Espí, Josep María).

Alteraciones en la imagen de la realidad exterior

Formación de una imagen ilusoria del mundo exterior, pérdida del sentido de la realidad, expectativas de futuro sobrevaloradas, falta de perspectiva de futuro, sentimiento de estigmatización social.

Alteraciones psíquicas y del estado de ánimo

Aumento del nivel de ansiedad, alta tensión psíquica, estados de ansiedad, depresión, abatimiento, ideas de suicidio, hipocondría, alta demanda de servicios médicos, sentimiento de tiempo perdido.

Alteraciones de la afectividad y la sexualidad

Sensación de desamparo, sobredemanda afectiva, alteraciones de la sexualidad.

Alteraciones actitudinales

Producción de una actitud egoísta, aumento de dogmatismo (rigidez en las posiciones), aumento del autoritarismo, incremento de la hostilidad, incremento de la posibilidad de reincidencia, pasividad en la investigación de soluciones a sus problemas, demanda a la institución porque se hace cargo de sus necesidades.

Hábitos de comportamiento

Empobrecimiento general de los repertorios de conducta, dejadez en la presentación personal, inactividad en el tiempo libre, despreocupación por el mantenimiento de las instalaciones, realización rutinaria de los trabajos encomendados, utilización en las entrevistas de un lenguaje pre-elaborado, uso de argot penitenciario, búsqueda del beneficio inmediato.

Obviamente, cada preso/a se verá afectado de una manera diferente... todas aquellas consecuencias psicológicas negativas que comporte el encarcelamiento afectará a la relación con su familia, y puede afectar incluso la percepción que ésta tenga sobre su familiar encarcelado.

Lenguaje del preso

Para lograr cierta empatía con el preso y comprender un poco su situación, es necesario e indispensable conocer en parte el lenguaje que se usa dentro de las cárceles. Para más claridad respecto a la jerga que allí se maneja, el sociólogo Daniel Acosta y el dragoneante Carlos Andrés Mora realizaron una investigación en el 2008 en cuanto a la subcultura carcelaria y produjeron un diccionario de la jerga carcelaria, la cual definen así:

La jerga carcelaria es aquel conjunto de lenguajes específicos provenientes de ciertos grupos de población del «bajo mundo», que «conviven» en el medio carcelario mezclados con palabras, términos e ideas que sirven para intercomunicar en forma cerrada, utilitarista y breve. Se trata de un lenguaje parco idiomáticamente al referirse a lo cotidiano en un medio que exige claves y códigos. En este sentido, desglosa secretamente sus términos, la mayoría de las veces en forma tosca y primitiva, se diría además que con un acento golpeado y agresivo. Existen muchas jergas callejeras como la de los habitantes de la calle, la de las pandillas en sus parches regionales, la del medio de los homosexuales, prostitutas, etc. que confluyen en la cárcel, por lo tanto, la jerga canera es una combinación sin límite en el tiempo y en el espacio.[74]

Aunque el vocabulario utilizado en las cárceles es particular, variado, extenso y al parecer sin límite, se hace necesario distinguir y conocer algunos términos usados en este mundo carcelario. Un conocimiento básico de la terminología carcelaria será útil para compenetrar con el preso, identificarse con él y revelar una verdadera amistad cristiana.

José Gobello, autor del *Nuevo diccionario lunfardo*, distingue diversos niveles lingüísticos, dentro de los cuales el popular, lunfardo, delictivo, de la vida airada y grosero, se ajustarían más al contexto carcelario. Muchos de los términos pertenecientes a estos niveles son usados por los presos, teniendo en cuenta que han ido evolucionando y cambiando. Dice que no es tan fácil saber si cierto vocablo es o no lunfardo, debido que muchos de ellos han pasado del lenguaje familiar o popular y no solo se han quedado en el lenguaje delictivo.

El autor define *lunfardo* como un repertorio de términos (que a veces pueden ser delictivos, y muchas veces no serlo) traídos por la inmigración durante la segunda mitad del siglo pasado y hasta el estallido de la Primera Gran Guerra, y asumidos por el pueblo bajo de Buenos Aires, en cuyo discurso se mezclaban con otros de origen campesino, y quechuismos y lusismos que corrían ya en el habla popular, conformando un léxico que circula ahora en todos los niveles sociales de las «repúblicas de la Plata».[75]

Debido a la escasez de material actualizado, sean diccionarios o estudios de investigación en cuanto al lunfardo o lenguaje carcelario en la Argentina, se

---

[74]Acosta Muñoz y Mora Díaz, *Subcultura carcelaria y Diccionario de la jerga canera*, pp. 5, 6.
[75]Gobello, *Nuevo diccionario lunfardo*, pp. 9, 10.

precisó hacer uso del conocimiento valioso de una persona que pasó por la experiencia del encarcelamiento.[76] Su estadía allí le enseñó muchas lecciones y voluntariamente quiso aportar para este manual este básico, sencillo y práctico glosario carcelario:

Arpones: Un palo de escoba con una punta adelante, se utiliza para lastimar al adversario. Es muy común en su lenguaje.

Brillo: Azúcar.

Cabeza: Termino amistoso para referirse a otro compañero.

Cachivache: Persona que vive en el diario descontrol. Se porta mal dentro del pabellón, es consumidor de drogas, etc.

Cascudo: Policías de la requisa.

Compañero: En la mayoría de casos se utiliza cuando esa persona cayo presa con la otra. Compañero es aquel que viene de la calle con vos.

Corchito: Cigarrillo de nicotina.

Descanso: Me está faltando el respeto.

El cabeza: Líder del pabellón.

Embrollo: Problema.

Faso: Cigarrillo de marihuana.

Gato: Persona que le realiza trabajos a los otros.

Gil: Persona que no es respetada dentro de la cárcel. Muchas veces lo utilizan entre amigos para cargarse.

Mata guacho: Persona que esta presa por matar una criatura.

Mata mina: Se utiliza otro término pero es una palabra muy vulgar para referirse a aquellos que mataron a la mujer.

Me está descansando: Me está faltando el respeto, me toma por tonto.

Me trasladaron: Lo llevaron de una cárcel a otra.

Mulo: Esclavo de los demás, similar al GATO.

Pasta: Pastillas, psicofármacos.

Piloto: Chofer (esta palabra se utiliza aun para cebar mates). ¡Piloteate un termo!

Pinta: Una persona (aquella pinta me dijo...).

---

[76]Facundo Díaz fue la persona que aportó este breve glosario. Actualmente está terminando sus estudios de Teología en la Universidad Adventista del Plata.

Pintó: Palabra utilizada como verbo para decir (pinto visita) quiere decir, vino la visita.

Planchuela: Arma blanca en forma de espada corta.

Rancho: (1) Compañero, amigo. (2) Lugar donde vive en el pabellón (*Ese es mi rancho*, y señala su celda).Se utiliza de ambas maneras, el contexto ayuda a definirlo.

Rati: Policía.

Refugiado: Aquella persona que se aisló del lugar en el cual vivía por problemas de convivencia.

Requisa: Policías que trabajan al ingresar al penal, son aquellos que te revisan para que no ingreses con nada prohibido.

Rocho: Persona que esta presa por robo.

Tigre: Saludo de manera amistosa.

Toca reja: Persona que decidió refugiarse en otro pabellón.

Tocó calle: Se fue en libertad.

Tranza: Persona que vende droga.

Una bolsa: Cocaína.

Violín: Persona que esta presa por violación.

Zabandija: Es una persona revoltosa.

Aspectos negativos y positivos[77]

A continuación se destacarán algunos aspectos de los presos que los voluntarios que les visitan deberían conocer. No se pretende ser categórico, pero si realista. Tales características pueden variar de uno a otro preso o poseer algunas que aquí no se mencionan. Sin embargo, es preciso ser consciente que el lugar donde se encuentran estas personas influye mucho en su comportamiento. Y a esto, se le suma el «propio equipaje» que cada uno trae de su propia experiencia al interior de la cárcel.

Aspectos negativos

- Muchos critican la autoridad y viven en un ambiente de miedo y odio
- Piensan que han nacido para perder o que nada hay bueno en ellos

---

[77]Adaptado de Hines, *Manual de capacitación para el Ministerio Carcelario.*

- La mayoría se coloca en una posición de no querer dejar su pecado. Muchos, que son más jóvenes piensan más en divertirse y creer que luego cambiarán

- Muchos piensan que el cristianismo (la fe) no funciona, quizá por un falso compromiso anterior sin un verdadero arrepentimiento o un mal testimonio de otra persona

- La mayoría son extremadamente egocéntricos. Se sienten traicionados, incriminados o defraudados. Buscan excusas o «chivos expiatorios» para sentirse libres de culpa

- Muchos no poseen un nivel de educación apropiado. Desconocen algunas cuestiones básicas. Sin embargo, en cuanto a otros asuntos ilegales son muy expertos

- Tienen un largo camino que recorrer tras las rejas

- Muchos tienen problemas con la inmoralidad sexual, con las drogas y las malas compañías

- Viven en ociosidad debido a la falta de oportunidades laborales. Aunque muchos no trabajan porque no lo quieren hacer

- Vienen de núcleos familiares inestables. No se les enseñó el amor, el respeto ni la disciplina, según los estándares de Dios

- Poseen antecedentes disciplinarios, lo que no les ayuda mucho para cuando se reintegren a la sociedad

Aspectos positivos

Aunque los anteriores aspectos pueden ser vistos desde un ángulo negativo, también pueden ser debilidades que logren convertirse en fortalezas por la Gracia de Dios.

- Detestan el concepto de traicionar (a la familia, a la banda, etc.) Guiándolos sabiamente por las Escrituras, podrán comprender el concepto de lealtad al cuerpo de Cristo (la iglesia) y a Dios mismo

- Desde su entorno, comprenden lo que es el compromiso

- Su cultura desprecia ciertas formas de hipocresía. Por lo tanto, en general respetan a alguien que verdaderamente predica con el ejemplo.

- En su ignorancia de las Escrituras, muestran sinceridad y disposición a aprender

- Se ve más disposición por las cosas espirituales en aquellas cárceles donde el régimen de normas es más severo

- Muchos son hábiles, diestros y aprenden fácil
- Han sido líderes de grupos. Su personalidad se presta para esto

La infinidad de circunstancias y dificultades que han rodeado a un preso deben llevar al voluntario que le asiste espiritualmente a recurrir constantemente a Aquel que conoce plenamente a cada ser humano y tiene infinidad de soluciones a cualquier problema. A Aquel Abogado que nunca ha perdido un caso, y el de cada preso no será la excepción. Es esto lo que debe motivar el avance del ministerio del evangelio hacia los privados de libertad.

Capítulo 10

Estadísticas

Los datos y gráficos estadísticos relacionados con la población reclusa en Argentina presentados en este capítulo, han sido extraídos de informes oficiales los cuales se mencionarán en relación a los datos expuestos. Dichos trabajos de investigación presentan información extensa y completa en relación al tema de reclusión. Sin embargo, en esta sección solamente se mostrarán los más básicos y necesarios que podrán ser útiles para el conocimiento de los voluntarios que desean participar de un ministerio carcelario. No obstante, si se desea acceder a mayor información, en las notas de pie de página y al final del presente capítulo se podrán obtener enlaces de los portales de entidades oficiales que despliegan abarcante e importante información relacionada con el tema en cuestión.

Estadísticas mundiales de la población reclusa

El incremento de la población reclusa se presenta en todos los continentes. La 11.ª edición del *World Prison Population List*[78] revela cifras de 223 países reportados, indicando un total de 10.357.134 personas privadas de su libertad en el mundo. Si se sumaran los 650.000 procesados en China, más otros datos no disponibles de Corea del Norte, Eritrea, Somalia y otros, la población carcelaria aumentaría a más de 11 millones de personas en el mundo.

---

[78]Walmsley, *World Prison Population List*, p. 14.

Según el informe, y los datos provistos por la Naciones Unidas, la tasa de población carcelaria mundial es de 144 cada 100 mil, y son cinco los países que tienen más del 50% de la población carcelaria mundial (ver siguiente tabla).

Incremento de la población carcelaria mundial en los últimos diez años

Pese a los esfuerzos por disminuir la reincidencia, la realidad es otra. El número de presos continúa aumentando como lo muestra la siguiente tabla:[79]

País	N.º de presos	% mundial	Variación		Tasa por cada 100 mil hab.	Año del informe
			Cantidad	%		
EE.UU.	2 085 620	n/d	131 380	6,3	714	2003
	2 217 000	21,4			698	2013
China[80]	1 548 498	n/d	109 314	7,1	118	2003
	1 657 812	16,0			119	2014
Rusia	763 054	n/d	-120 584	-15,8	532	2005
	642 470	6,2			445	2015
Brasil	330 642	n/d	277 089	83,8	183	2004
	607 731	5,9			301	2014
India	313 635	n/d	104 901	33,4	29	2003
	418 536	4,0			33	2014
Total	5 041 449	n/d	502 100	9,9	167,5	--
	5 543 549	53,5			166,7	

Países con mayor población carcelaria.[81]

Si bien es positiva la disminución que presenta Rusia, no es de poca preocupación las cifras de los otros países, especialmente las de Brasil que en diez años ha aumentado en más de un 83 % su población reclusa. En total, más de 500.000 presos nuevos llegaron a cárceles y prisiones de estos países en un período aproximado de diez años.

---

[79]Comparación de *World Prison Population List*, 6.ª edición (datos de finales de febrero de 2005) y 11.ª edición (datos de finales de octubre de 2015).

[80]Sin contar los 650.000 procesados y en otras formas de detención.

[81]Fuente: Elaboración propia en base a datos de la 11.ª edición del *World Prison Population List*.

La información anterior señala una gran problemática que la iglesia de Cristo en la tierra no puede desconocer y que debe atender, ya que se trata de seres humanos que están atravesando por una dificultad particular y necesitan recibir la atención debida por parte de los creyentes en Cristo.

Estadísticas generales de población reclusa en Sudamérica

Diez países de Sudamérica conforman el 9,9 % de la población carcelaria mundial. La siguiente tabla presenta la lista de los diez países junto con su número de presos, sus porcentajes en relación a la población carcelaria en Sudamérica, las tasas por cada 100.000 habitantes y el año del informe del país.

País	N.º de presos	Porcentaje	Tasa por cada 100 mil hab.	Año del informe
Brasil	607 731	58,8	301	2014
Colombia	121 389	11,7	244	2015
Perú	75 379	7,3	242	2015
Argentina	69 060	6,7	160	2014
Venezuela	55 007	5,3	178	2014
Chile	44 238	4,3	247	2015
Ecuador	25 902	2,5	162	2014
Bolivia	13 468	1,3	122	2015
Paraguay	10 949	1,1	158	2014
Uruguay	9 996	1,0	291	2015
TOTAL	**1 033 119**	**100,0**	**250,7**	--

Población carcelaria en Sudamérica hispanohablante.[82]

En cuanto a la información estadística relacionada con la Iglesia Adventista del Séptimo Día, se ha hecho uso del portal de la Oficina de Archivos, Estadísticas e Investigación (Office of Archives, Statistics, and Research, ASTR) de la Asociación General.[83] El número de iglesias, congregaciones y miembros de iglesia

---

[82]Fuente: Elaboración propia en base a datos de la 11.ª edición del *World Prison Population List* (tabla 2, sección: las Américas), pág. 7.

[83]Disponible en http://www.adventistarchives.org (consultada el 4 de julio de 2016).

son cifras extraídas del *Informe Estadístico Anual 2015*.[84] Esta información se relacionará en cuadros comparativos con la población reclusa y el número de establecimientos que se encuentran distribuidos en el país.

Se espera que esta información ayude al hermano y líder voluntario a conocer parte de la situación de la población reclusa del país y de su distribución geográfica. Y en base a su ubicación, la iglesia podrá mediante su organización y distribución en el país, distinguir cuál(es) cárcel(es) pertenecen a sus distritos y así lograr una «adopción» de éstas, focalizando el trabajo de una manera más organizada y eficiente.

Estadísticas generales de población reclusa en Argentina

Cantidad y evolución de población carcelaria

De 1996 a 2014 se incrementó la población carcelaria en 43.897 presos. Durante los dieciocho años representados en el gráfico, ingresaron a la cárcel un promedio de más de 2.400 personas cada año.

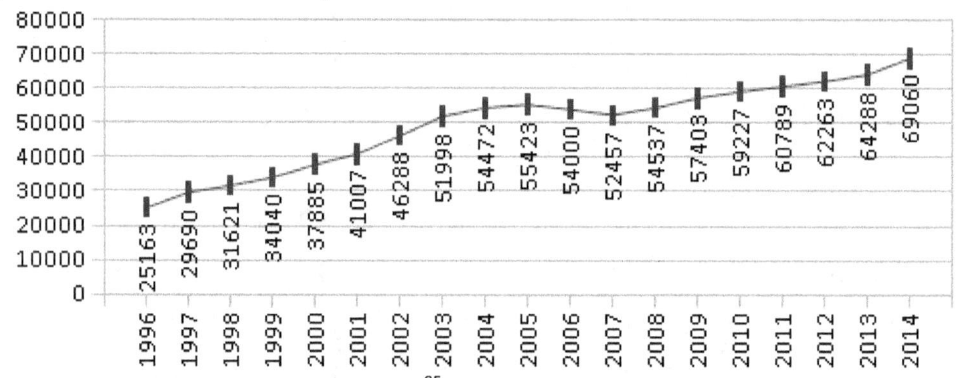

Evolución de la población carcelaria en Argentina.[85]

El último informe disponible del *SNEEP 2014* revelaba 10.424 presos en el SPF (ver tabla anterior). Sin embargo, el más reciente reporte de la Procuraduría de Violencia Institucional (PROCUVIN)[86] del mes de diciembre de 2015, reporta una disminución del 0,9 % de esta cifra. Esto quiere decir que en un año (dic. 2014 - dic. 2015) se le restaron a este número inicial 101 personas.

---

[84]Office of Archives, Statistics, and Research, *2015 Annual Statistical Report*.
[85]Fuente: Elaboración propia en base a datos del *SNEEP 2014*. El gráfico original comienza desde 1972. Sin embargo, no se presentan datos desde 1984 hasta 1995.
[86]Ministerio Público Fiscal, *Población en el SPF, Diciembre 2015*, p. 8.

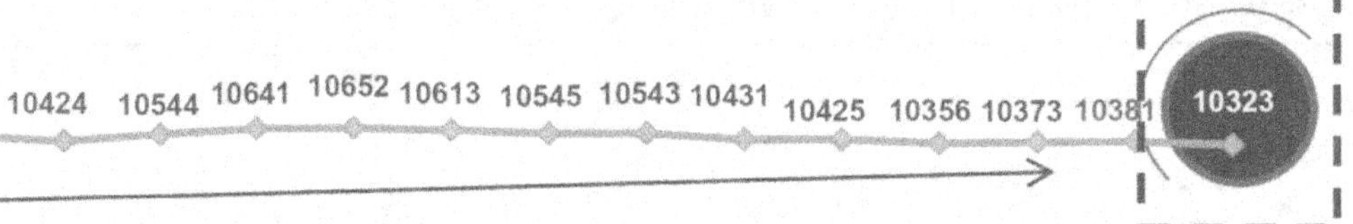

Personas alojadas en el SPF a partir de los reportes recibidos por PROCUVIN.[87]

Distribución de reclusos por provincias

Extrayendo los datos accesibles del *SNEEP 2014*, encontramos que el 55,1 % de los presos están en la provincia de Buenos Aires, le sigue Córdoba con 9,2 % y Mendoza con 5,7 %; las otras provincias tienen el 30 % restante. Del total, el 15,1 % está en el SPF (sin considerar en qué provincia).

Algunos datos estadísticos

EL 83 % de la población carcelaria del país en 2014 se concentra en los Servicios Penitenciarios de cinco provincias y en el Servicio Penitenciario Federal (SPF) (ver tabla pág. 82).

Buenos Aires	SPF	Córdoba	Mendoza	Santa Fe	Salta
31 224	10 424	6 347	3 945	2 923	2 416
45,2 %	15,1 %	9,2 %	5,7 %	4,2 %	3,4 %

Servicios Penitenciarios con mayor cantidad de presos, se incluye el dato del SPF.[88]

---

[87]Ibidem.

[88]Fuente: Elaboración propia en base a datos del *SNEEP 2014*, y del *Informe estadístico 2015* de la Procuración Penitenciaria de la Nación, pág. 17.

Distribución de reclusos según campos de la Iglesia Adventista[89]

UNIÓN ARGENTINA de la IASD

CAMPOS	MIEMBROS DE IGLESIA	IGLESIAS	CONGREGA-CIONES
Misión Argentina del Noroeste	**12 237** *11 %*	**49** *9 %*	**47** *11 %*
Asociación Argentina del Norte	**24 582** *23 %*	**115** *20 %*	**130** *29 %*
Asociación Argentina Central	**20 661** *19 %*	**120** *21 %*	**100** *23 %*
Mision Argentina del Centro Oeste	**8 448** *8 %*	**40** *7 %*	**44** *10 %*
Asociación Bonarense	**30 543** *28 %*	**168** *29 %*	**63** *14 %*
Asociación Argentina del Sur	**12 009** *11 %*	**83** *14 %*	**58** *13 %*
Total	**108 480**	**575**	**442**

UNIDADES PENITENCIARIAS

PROVINCIAS	UNIDADES Total	UNIDADES SPF	UNIDADES Provincia	PRESOS (procesados y condenados) Provincia	PRESOS SPF	Total
Catamarca	30	-	1	472	-	**5 944** *9 %*
Jujuy		2	5	655	226	
Salta		4	7	2 416	555	
Santiago del Estero		1	3	437	137	
Tucumán		-	7	1 046	-	
Chaco	29	2	8	1 133	443	**4 377** *6 %*
Corrientes		-	6	887	-	
Formosa		1	4	420	110	
Misiones		1	7	1 185	199	
Córdoba	32	-	13	6 347	-	**10 530** *15 %*
Entre Ríos		-	9	1 260	-	
Santa Fe		-	10	2 923	-	
La Rioja	14	-	1	345	-	**5 967** *9 %*
Mendoza		-	7	3 945	-	
San Juan		-	1	1 159	-	
San Luis		-	5	518	-	
Buenos Aires	67	13	54	31 224	6 811	**38 035** *55 %*
Chubut	95	2	33	408	563	**4 207** *6 %*
La Pampa		4	12	227	506	
Neuquén		1	11	340	180	
Río Negro		2	6	808	597	
Santa Cruz		1	18	280	97	
Tierra del Fuego		-	5	201	-	
Total	**267**			**58 636**	**10 424**	**69 060**

[89]Fuente: Elaboración propia en base a datos del Office of Archives, *2015 Annual Statistical Report* y el *SNEEP 2014.*

Distribución de provincias en Argentina

Organización territorial de la IASD y Provincias en Argentina.[90]

Número total de habitantes de Argentina en 2015: 43.417.000[91]

Unión Argentina 2015	
Iglesias y congregaciones	1.017
Miembros de iglesia	108.480
Tasa por cada 100 mil hab.	249,9

Población reclusa 2014	
Unidades	267
Reclusos[92]	69.060
Tasa por cada 100 mil hab.	161,9

---

[90]Curva del mapa basada en trabajo de Gustavo Girardelli
(https://es.wikipedia.org/wiki/Archivo:Argentina_politico_sin_capitales.svg), usado bajo CC BY.
[91]Fuente: Departamento de Asuntos Económicos y Sociales de las Naciones Unidas (2015). Disponible en Internet: <https://esa.un.org/unpd/wpp/Publications/> (consultada el 4 de julio de 2016).
[92]International Centre for Prison Studies (King's College, Universidad de Londres), citado en el *SNEEP 2014*.

La siguiente información ha sido tomada del *SNEEP 2014*. Estos datos surgen —según dice el mismo informe— del aquellas unidades carcelarias que informaron en forma completa dando un total de 68.407 individuos (hay 653 que no se consideran).

Situación legal

Situación legal	Cantidad	%
Condenados	32 940	48
Procesados	34 613	51
Otros	854	1

Situación legal de la población carcelaria a diciembre de 2014.[93]

Población detenida según el sexo

Sexo	Cantidad	%
Masculino	65 418	96
Femenino	2 989	4

Sexo de la población carcelaria.[94]

Estado civil de los detenidos

Estado civil	Cantidad	%
Soltero	53 437	78,1
Concubino	6 792	9,9
Casado	6 191	9,1
Separado o Divorciado	896	1,3
Viudo	593	0,9
Separado de hecho	278	0,4
Sin datos	220	0,3

Estado civil de los detenidos.[95]

---

[93]Fuente: Elaboración propia en base a datos de Ministerio de Justicia y Derechos Humanos, *SNEEP 2014*, p. 14.
[94]Fuente: Elaboración propia en base a datos del *SNEEP 2014*. Según el informe del Ministerio Público Fiscal (*Población en el SPF, Diciembre 2015*, p. 22), hay una tendencia al aumento de la población transexual alojada en el SPF. Esta población se duplicó entre los primeros meses de 2014 (11 personas) hasta diciembre de 2015 (21 personas) encontrándose alojada en el Módulo VI del Complejo Penitenciario Federal I de Ezeiza. Esta información no se encuentra en el *SNEEP 2014*.
[95]Fuente: Elaboración propia en base a datos del *SNEEP 2014*.

Rango de edades

La población carcelaria del país es mayormente joven, ya que el 63 % de esta tiene menos de 35 años.

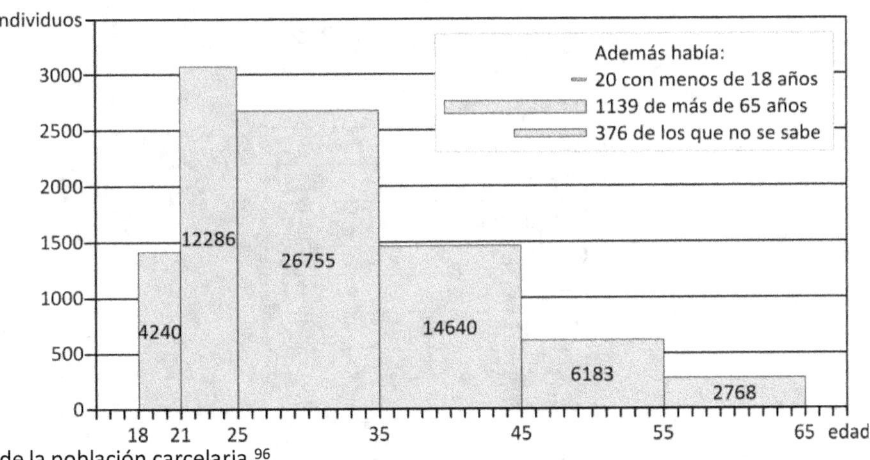

Edad de la población carcelaria.[96]

Nivel de educación

Los presos que cursaron estudios en el nivel primario (completo e incompleto) fueron 47.187 (68,98 %), y los que se reportan en el informe como «ninguno» fueron 2.912 (4,26 %). La unión de estos dos grupos formarían el 73,23 % de la población carcelaria reportada.

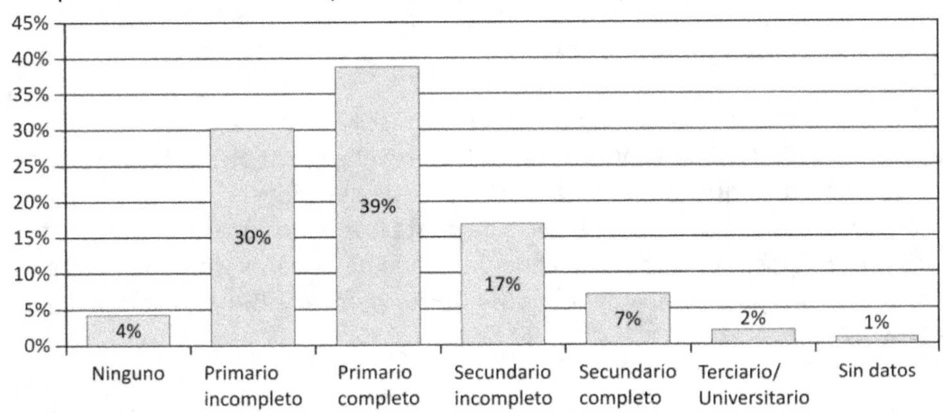

Nivel de instrucción alcanzado por los internos.[97]

---

[96]Fuente: Datos del *SNEEP 2014*; histograma de frecuencia elaborado por el editor.
[97]Fuente: Elaboración propia en base a datos del *SNEEP 2014*.

Nacionalidad de los detenidos

El 94 % de la población reclusa en el país es de nacionalidad argentina. Y el 5 % estaría conformado por otros sudamericanos.

Nacionalidad	Cantidad
Argentina	64 465
Paraguaya	1 193
Boliviana	653
Peruana	631
Uruguaya	360
Chilena	310
Colombiana	217
Brasileña	82
Española	37
Italiana	26
China	23
Sudafricana	13
Nigeriana	12
Ecuatoriana	9
Inglesa	2
Otras	255
Sin Datos	119

Nacionalidad de los detenidos.[98]

Reincidencia

El informe presentado por el Centro de Estudios Latinoamericanos sobre Inseguridad y Violencia (CELIV) para el 2014,[99] revela, entre otra valiosa información, que a medida que aumenta la edad existe una tendencia a cambiar de delito. Otro dato muestra que la diferencia de contextos de los presos incide en la reincidencia. Por ejemplo, aquellos que proceden de hogares violentos, con entorno delictivo y que fueron condenados anteriormente presentan un mayor porcentaje de reincidencia.

---

[98]Fuente: Elaboración propia en base a datos del *SNEEP 2014*.
[99]Bergman *et al. Delito, marginalidad y desempeño institucional en la Argentina*.

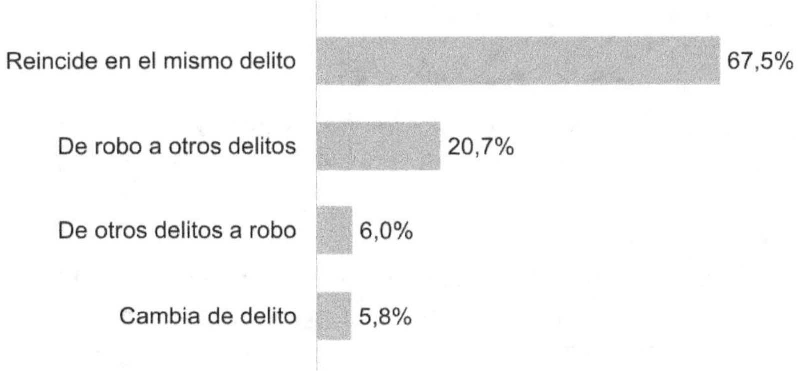

Tipo de delitos en los que reinciden (solamente aquellos que reinciden).[100]

Enlaces de interés

Sistema Nacional de Estadísticas sobre Ejecución de la Pena (SNEEP): Informe Anual, República Argentina, 2014.
http://www.jus.gob.ar/media/2736750/Informe%20SNEEP%20ARGENTINA%202013.pdf

Informe Anual Servicio Penitenciario Federal (SPF):
http://www.spf.gov.ar/www/index

Estadísticas de Política Criminal del Ministerio de Justicia y Derechos Humanos:
http://www.jus.gob.ar/areas-tematicas/estadisticas-de-politica-criminal/mapa.aspx

Informe estadístico 2015 del departamento de investigaciones de la Procuración Penitenciaria de la Nación:
http://www.ppn.gov.ar

Reporte de Población en el SPF de la Procuraduría de Violencia Institucional (PROCUVIN) Diciembre 2015:
https://www.mpf.gob.ar/procuvin/files/2016/03/Reporte-de-informaci% C3%B3n-Poblaci%C3%B3n-penal-Diciembre-2015.pdf

Informe de Gestión 2015 del Servicio Penitenciario Federal (SPF):
http://www.spf.gob.ar/drive/repo/general/Informe_Anual_2015.pdf

---

[100]Fuente: Estudio latinoamericano sobre población carcelaria. n: 469. Año 2013 – Argentina. Citado en Bergman et al. *Delito, marginalidad y desempeño institucional en la Argentina*, p. 58.

Información a nivel mundial por parte del Centro Internacional para Estudios de Prisiones:
http://www.prisonstudies.org/country/argentina

Resultados de la encuesta de presos condenados 2014, del Centro de Estudios Latinoamericanos sobre Inseguridad y Violencia (CELIV) de la Universidad Nacional de Tres de Febrero:
http://celiv.untref.edu.ar/

Resultados de la encuesta de detenidos condenados Diciembre 2015, del Centro de Estudios Latinoamericanos sobre Inseguridad y Violencia (CELIV) de la Universidad Nacional de Tres de Febrero:
http://celiv.untref.edu.ar/contenidos/CELIV%20Informe%20Nro.%202.pdf

Oficina de Archivos, Estadísticas e Investigación (ASTR) de la Asociación Genera de la IASD:
http://www.adventiststatistics.org/

Unión Argentina de la Iglesia Adventista del Séptimo Día:
http://www.adventistas.org.ar/Dóndeestamos.aspx

Poemas

Dónde está tu hermano

¿Qué haces tú por lo tuyos, oh cristiano?

¿Cuáles son tus trabajos, tus esfuerzos, por orientar
el alma de tu hermano, para que halle feliz camino al
cielo?

¿No le hablas de Jesús y de su obra, Su vida y su
evangelio?

¿Cuántos seres has visto indiferente morir sin conocer
el dolor cruento que sufriera Jesús por redimirles
dando su vida en el fatal madero?

¿Ignoras que en tu torpe negligencia la obra nefasta
de Caín has hecho?

¿Qué las voz de la sangre de tu hermano, así cual la
de Abel, clamará al cielo, tu fratricida incuria
denunciando al dejarle morir triste, irredento?

«¿Me has hecho acaso guarda del que muere?»

¿Podrás decir a Dios cuando cual reo en el gran juicio
se te pida cuenta de éste tu hermano en el tormento
eterno?

¡Ah! Cuando sientas ya tarde arrepentido el dolor del
deber no satisfecho; cuando tu corazón hiera
implacable la negra espina del remordimiento
entonces, pobre alma fratricida, sabrás que el lloro y
crujir de dientes son la terrible condición del réprobo.

Adela Torres de Vázquez

¡Perdido!

¡Perdido! Aquí estoy perdido.
¿Seré hallado alguna vez?

Vagando por el desierto
Se han resecado mis pies

No escucho ningún sonido.

¡Perdido! Perdido estoy,
ya mis lágrimas no fluyen
y no sé por dónde voy

Mi piel ya se ve arrugada,
mi lengua se ha recrecido,
pues el peso de mis culpas
ya me tiene a mí vencido

Las tinieblas me rodean
y yo sé que ¡estoy perdido!
Me siento desamparado,
llevando una cruz conmigo

Si no hay cruz, ya no hay corona.
Tengo fe de ser hallado,
ciego era, pero veo,
por fe al crucificado

Russell Williams

«Se adoptan niños, se adoptan mascotas.
¿Por qué no adoptar una prisión?»[101]

---

[101]Lechleitner, Elizabeth para Adventist News Network (2011-06-28) en Noticias Adventistas de España. Disponible en Internet: <http://noticias.adventista.es/2011/07/07/ministerio-adventista-en-las-carceles-de-zimbabwe-ya-cuenta-con-un-tercio-de-los-encarcelados-de-todo-el-pais-enrolados-en-estudios-biblicos/> (consultada el 22 de mayo de 2017).

Anexos

FORMATO DE SEGUIMIENTO DE

HERMANOS RECLUIDOS EN CÁRCELES COLOMBIANAS

TARJETA No. _______

Iglesia	Distrito	Asociación/Misión	Dirección	Lugar (Ciudad)	Barrio/Vereda	Tels./e-mail

Nombre del Pastor		Tels./e-mail	
Nombre Anciano iglesia/Líder		Dirección		Tels./e-mail:

Nombre completo del interno(a)

T.D (No. Reseña)	Alias / chapa	Cárcel	Lugar (Ciudad)	Patio	Pasillo/pabellón	Celda	Conde nado	Sindi cado	Tiempo	72 h

Fecha 1er contacto/Nombre quien lo hizo	Clase de estudios bíblicos realizados	No. estudios	Bautiza do	Fecha y lugar bautismo	Pastor/ Anciano oficiante	Matri- monio	Fecha y lugar matrimonio	Pastor oficiante
			SI NO			SI NO		

	Fecha	Cárcel	Lugar (Ciudad)	Iglesia	Distrito	Asociación/Misión	Pastor/Anciano/Líder	Tels./e-mail
REMISIÓN								
TRASLADO								

CONTACTOS FAMILIARES

Nombre completo	Parentesco	Lugar/Ciudad	Dirección	Tels./e-mail

ENCUESTA PARA VOLUNTARIOS PARA EL MINISTERIO CARCELARIO

Nombre y apellido: ....Edad: ....

Sexo: M - F Dirección: ....

Barrio: ....Ciudad: ....Provincia: ....

Teléfonos: ....E-mail: ....

Estado civil: Soltero - Casado - Viudo - Divorciado

Ocupación o profesión: ....

Miembro de iglesia: Sí - No Cargo(s): ....

Bautizado: Sí - No Fecha: ......-......-............ Iglesia de bautismo: ....

Iglesia a la cual asiste actualmente: ....

Pastor de su iglesia: ....

Por favor, señale las áreas de trabajo del ministerio carcelario en que está más interesado en participar. Si marca más de una opción, indique el orden de su preferencia con
números.

___Visitando a los presos

___Brindando capacitaciones

___Oración intercesora

___Proveyendo apoyo financiero

___Transportando voluntarios

___Ayudando a las familias de los presos
(capacitaciones, donaciones, visitas, etc.)

___Dando estudios bíblicos

Escribiendo cartas misioneras

Donando alimentos, ropa, artículos de
aseo, literatura, etc.

Donando Biblias, cancioneros e
himnarios

Realizando material escrito y
audiovisual apropiado

Otros

Si alguna vez ha estado detenido, procesado o condenado, especifique fecha y lugar: .....
....

¿Ha estado interno alguna vez en una institución mental? Sí - No

¿Toma alguna medicación? Sí - No ¿Cuál? ¿Por qué? ....
....

¿Está afiliado a alguna obra social? Sí - No ¿Cuál? ....

¿Ha tenido experiencia de trabajo misionero con presos? Sí - No Explique: ....
....

¿Qué cárceles ha visitado? ....

¿Por cuánto tiempo? ....

¿Toca algún instrumento musical? Sí - No ¿Cuál? ....

¿Qué dones cree que tiene? ....

¿En qué grupo estaría interesado en participar? Presos: Hombres - Mujeres.

Familiares de presos: Adultos - Jóvenes - Niños

Nombre y firma ....

Fecha: ......-......-............ Ciudad ....

Bibliografía

Acosta Muñoz, Daniel y Mora Díaz, Carlos Andrés. *Subcultura carcelaria y Diccionario de la jerga canera*, 2008. Disponible en Internet: <http://epn.gov.co/media/k2/attachments/subcultura_carcelaria.pdf> (consultada el 3 de julio de 2016).

Asociación Ministerial de la Asociación General de los Adventistas del Séptimo Día. *Creencias de los Adventistas del Séptimo Día*. Nampa: Publicaciones Interamericanas, 2006.

Bergman, Marcelo; Mansello, Diego y Arias, Christian. *Delito, marginalidad y desempeño institucional en la Argentina: Resultados de la encuesta de presos condenados*. Sáenz Peña: Universidad Nacional de Tres de Febrero, 2014. Disponible en Internet: <http://celiv.untref.edu.ar/descargas/InformeArg2014_Online.pdf> (consultada el 4 de julio de 2016).

Bosca, Roberto [comp.]. *La libertad religiosa en la Argentina: Aportes para una legislación*. Buenos Aires: Consejo Argentino para la Libertad Religiosa, Konrad Adenauer Stiftung, 2003. Disponible en Internet: <http://www.calir.org.ar/verPdf.php?doc=/libro/LaLibertadReligiosaenlaArgentina.pdf> (consultada el 15 de mayo de 2017).

— y Navarro Floria, Juan Gregorio [comp.]. *La libertad religiosa en el Derecho argentino*. Buenos Aires: Consejo Argentino para la Libertad Religiosa, Konrad Adenauer Stiftung, 2007. Disponible en Internet: <http://www.calir.org.ar/verPdf.php?doc=/libro/LaLibertadReligiosaenelDerechoArgentino.pdf> (consultada el 15 de mayo de 2017).

Castañeda Soriano, William. *Manual de orientación para el ministerio carcelario*. Medellín: Litografía Icolven, 2014. Disponible en Internet: <http://www.academia.edu/10749455/Manual_de_orientación_para_el_ministerio_carcelario> (consultada el 4 de julio de 2016).

Constitución de la Nación Argentina. Buenos Aires: Congreso de la Nación, 1994. Disponible en Internet: <http://www.casarosada.gob.ar/images/stories/constitucion-nacional-argentina.pdf> (consultada el 21 de mayo de 2017).

Deiros, Pablo Alberto. *Diccionario hispanoamericano de la misión*. México: Comibam International, 1997.

Delafield, D. A. *Elena G. de White en Europa*. Buenos Aires: Asociación Casa Editora Sudamericana, 1979.

Echeverri Ossa, Bernardo. *Enfoques penitenciarios*. Bogotá: Publicaciones de la Escuela Penitenciaria Nacional, 1996.

Galvis Rueda, María Carolina. *Sistema Penitenciario y Carcelario en Colombia: Teoría y realidad* [trabajo de grado para optar el título de abogado]. Bogotá: Pontificia Universidad Javeriana, 2003.

Observatori del Sistema Penal I Els Drets Humans, Universitat de Barcelona. *La cárcel en el entorno familiar. Estudio de las repercusiones del encarcelamiento sobre las familias: problemáticas y necesidades*. Barcelona: Ajuntament de Barcelona, Regidoria de Dona i Drets Civils, 2006. Disponible en Internet: <http://www.academia.edu/1085273/La_cárcel_en_el_entorno_familiar._Estudi o_de_las_repercusiones_del_encarcelamiento_sobre_las_familias_problemática s_y_necesidades> (consultada el 3 de julio de 2016).

General Conference of Seventh-Day Adventist. *Working Policy*. Washington, D.C.: Review and Herald Publishing Association, 2009.

Gobello, José. *Nuevo diccionario lunfardo*. Buenos Aires: Corregidor, 1999.

Harvestime International Institute. *Vinisteis a mí - Un manual de entrenamiento para el ministerio en la prisión* [documento electrónico]. Disponible en Internet: <http://harvestime.org/translations/spanish/es_JailAndPrison.rtf> (consultada el 20 de mayo de 2016).

Hines, Rich. *Manual de capacitación para el Ministerio carcelario* [documento electrónico]. Only Hope - Prison Ministries, 2013. Disponible en Internet: <http://onlyhopeprisonministries.com/?wpdmdl=1535> (consultada el 14 de mayo de 2017).

Iglesia Adventista del Séptimo Día, Asociación General. *Comentario Bíblico Adventista del Séptimo Día*, tomo 4. Mountain View, California: Publicaciones Interamericanas, 1990.

——————— . *Manual de la Iglesia*, 6.ª ed. Florida: Asociación Casa Editora Sudamericana, 2014.

Iglesia Adventista del Séptimo Día, Departamento de Comunicación de la DSA. *Declaraciones, orientaciones y otros documentos,* 3.ª ed. Buenos Aires: Asociación Casa Editora Sudamericana, 2011.

Instituto Nacional Penitenciario y Carcelario (INPEC) - Oficina Asesora de Planeación - Grupo Estadística. *Informe Estadístico - Marzo 2016 - No. 3* [documento electrónico]. Disponible en Internet: <http://www.inpec.gov.co/portal/page/portal/Inpec/Institucion/Estad %EDsticas/Estadisticas/Informes%20y%20Boletines%20Estad %EDsticos/03%20INFORME%20MARZO%202016.pdf> (consultada el 3 de mayo de 2016).

Josefo, Flavio. *Antigüedades de los judíos*, vol. 1. Barcelona: Editorial CLIE, 1988.

Ministerio de Justicia y Derechos Humanos, Dirección Nacional de Política Criminal. *Sistema Nacional de Estadísticas sobre Ejecución de la Pena: Informe Anual, República Argentina, SNEEP 2014*. Disponible en Internet: <http://www.jus.gob.ar/media/2736750/Informe%20SNEEP%20ARGENTINA %202013.pdf> (consultada el 3 de octubre de 2016).

Ministerio Público Fiscal, Procuración General de la Nación. *Población en el SPF, Sistematización de información mensual, Diciembre 2015*. Área de Registro y Bases de Datos, Procuraduría de Violencia Institucional (PROCUVIN). Disponible en Internet: <https://www.mpf.gob.ar/procuvin/files/2016/03/Reporte-de-información-Población-penal-Diciembre-2015.pdf> (consultada el 25 de octubre de 2016).

Office of Archives, Statistics, and Research. *2015 Annual Statistical Report, 151st Report of the General Conference of Seventh-day Adventists for 2013 and 2014*. Disponible en Internet: <http://documents.adventistarchives.org/Statistics/ASR/ASR2015.pdf> (consultada el 21 de mayo de 2017).

Patterson, Stephen E. y Rosado, Manuel. *Ministerio efectivo en la prisión, Manual de entrenamiento efectivo para el obrero voluntario que trabaja en las instituciones correccionales*. México: Jesus Behind Bars Inc., 1985.

Public Affairs and Religious Liberty Department. *Religious Freedom World Report 2015*. Silver Spring: General Conference of Seventh-day Adventists, 2015.

Disponible en Internet: <https://www.adventistliberty.org/world-report-2015.pdf> (consultada el 16 de mayo de 2017).

Roldan Cardona, Janeth Cristina y González Cardona, Liliana. *Situación de los Derechos Humanos en las cárceles del Área Metropolitana*. Medellín: Pastoral Social Caritas Arquidiocesana, 2005.

Rzepkowski, Horst. *Diccionario de misionología*. España: Editorial Verbo Divino, 1997.

Sierra Alvis, Jorge; Castañeda Soriano, William y López Ricaurte, Fabio. *Disposición de la feligresía de la IASD a participar de un ministerio carcelario oficial* [tesis de Licenciatura en Teología]. Medellín: Corporación Universitaria Adventista, 2011.

Walmsley, Roy. *World Prison Population List*. 6.ª ed. International Centre for Prison Studies, 2005. Disponible en Internet: <http://prisonstudies.org/sites/default/files/resources/downloads/world-prison-population-list-2005.pdf> (consultada el 2 de mayo de 2016).

————— . *World Prison Population List*. 11.ª ed. Institute for Criminal Policy Research, 2016. Disponible en Internet: <http://prisonstudies.org/sites/default/files/resources/downloads/world_prison_population_list_11th_edition_0.pdf> (consultada el 22 de marzo de 2016).

White, Elena G. de. *La educación*. Buenos Aires: Asociación Casa Editora Sudamericana, 1978.

————— . *El ministerio de curación*. Estados Unidos: Asociación Publicadora Interamericana, 1995.

————— . *Notas biográficas de Elena G. de White*. Buenos Aires: Asociación Casa Editora Sudamericana, 1995.

————— . *Profetas y reyes*. Buenos Aires: Asociación Casa Editora Sudamericana, 1987.